“青马”奋蹄

——山东大学成仿吾英才班六期纪实

主编　马晓琳　姜炳刚

山东大学出版社
SHANDONG UNIVERSITY PRESS
·济南·

图书在版编目(CIP)数据

“青马”奋蹄. 山东大学成仿吾英才班六期纪实 / 马晓琳，姜炳刚主编. —济南：山东大学出版社，2023. 9

ISBN 978-7-5607-7945-4

Ⅰ. ①青… Ⅱ. ①马… ②姜… Ⅲ. ①山东大学—思想政治教育—概况 Ⅳ. ①G641

中国国家版本馆 CIP 数据核字(2023)第 191003 号

责任编辑 刘 彤
封面设计 牛 钧

“青马”奋蹄

“QINGMA” FENTI

——山东大学成仿吾英才班六期纪实

出版发行 山东大学出版社
社 址 山东省济南市山大南路 20 号
邮政编码 250100
发行热线 (0531)88363008
经 销 新华书店
印 刷 济南乾丰云印刷科技有限公司
规 格 720 毫米×1000 毫米 1/16
15 印张 246 千字
版 次 2023 年 9 月第 1 版
印 次 2023 年 9 月第 1 次印刷
定 价 59.00 元

《“青马”奋蹄》
编委会

长风浩荡踏浪歌

（前言）

忆往昔，百年征程砥砺同心；看今朝，中国之梦扬帆起航。世纪风雨兼程，九万里风鹏正举。2023年是全面落实党的二十大精神开局之年，是全面建设社会主义现代化国家新征程的起步之年。回望过去的奋进路，心潮澎湃；展望未来的千里途，豪情满怀！

一个国家的未来在青年，一个民族的希望在青年。青年是推动社会发展进步的关键力量，也是实现中华民族伟大复兴的先锋力量。青年兴则国家兴，青年强则国家强。随着中国特色社会主义进入新时代，我们国家站到了新的历史方位上，建设社会主义现代化强国、实现中华民族伟大复兴成为我们这个时代越来越鲜明的目标。新时代赋予了青年新的历史使命，也为青年提出了新的发展要求。

吾辈“青马”，薪火接力迎长风浩荡，踏浪千里赴明之朝阳。山东大学成仿吾英才班六期学员应时代之声，蓄青春之力，展“青马”风采！

为天下储人才，强校兴国谱华章

学无止境，气有浩然。1901年，山东大学堂在济南创办，开中国近代高等教育之先河。承齐鲁文脉，为天下储人才；融中西学术，为国家图富强。历经百廿沧桑，山大炬火，传承不息；山大之歌，代代流唱。

先生之风，山高水长。在风雨飘摇的年代，伟大的无产阶级革命家、教育家、社会科学家、文学家、翻译家和忠诚的共产主义战士成仿吾先生，担当起了山东大学的掌舵人。他以政治家的胆识、教育家的才能、科学家的态度、实践家的经验，为山东大学做出了累累建树，留下了宝贵的精神财富。成立成仿吾英才班既是为实现中华民族伟大复兴"中国梦"而贡献的山大力量，也是向山大先贤成仿吾老校长的深深致敬。希望"仿吾"青年能从山大先贤身上汲取精神力量，自觉担负起新时代的历史使命，自觉把个人的理想追求融入国家和民族的事业中，在实现中华民族伟大复兴的接力中贡献自己的力量，在青春的奋斗中创造自己的价值。

不坠青云之志，"仿吾""青马"承担当

才俊翘楚，"青马"工程。成仿吾英才班是山东大学为深入推进高校"青年马克思主义者培养工程"而成立的校级人才培养试验班。成仿吾英才班融理论教学、实践教学和个性化培养为一体，通过理论授课、基层锻炼、文化育人、社会实践等形式进行马克思主义理论教育和实践技能提升，旨在培养一批政治坚定、素质全面、具有卓越领导力和高度社会责任感的新时代马克思主义青年人才，使其成为引领广大青年学生成长进步、推动校园文化传承发展的榜样力量。成立六年多来，成仿吾英才班建设亮点纷呈、成效显著，为培养堪当民族复兴大任的时代新人贡献了"山大智慧"，树立了"山大典范"。

凤凰上击九千里，绝去霓，负苍关

岁月不居，时节如流。成仿吾英才班六期学员们乘风而来、踏歌而行，在阳光与雨露中茁壮成长。众多马克思主义学院教授春风化雨的讲座，让"青马"们在提高理论修养的同时提升思想境界。一次又一次的读书会，让"青马"们感受马克思主义经典名著的力量。每一次课后以及读书会上热火朝天的讨论，都让思维的火花四溅。青年导师为"青马"们在学业和生活上开启了一盏灯，以拳拳真心引领大家前行。暑期莱芜社会实践、爱心志愿服

务、党的二十大精神青年宣讲团、淄博实践调研……“仿吾”“青马”化理论为行动，怀着炽热的红心奔赴八方，以自己的青春之力彰显担当。

第六期“仿吾”班的故事就要结束，但“仿吾”“青马”仍将继续书写飞扬青春！

乘风好去，长空万里，直下看山河

济济多士，大业乃成。人才蔚起，复兴可期。

百余年前，五四先驱李大钊先生这样激励青年：“青年之字典，无‘困难’之字，青年之口头，无‘障碍’之语；惟知跃进，惟知雄飞，惟知本其自由之精神，奇僻之思想，锐敏之直觉，活泼之生命，以创造环境，征服历史。”①

百余年后，新时代的青年，定将请长缨不负青春，写就又一篇盛世华章！

于高山之巅，方见大河奔涌。

于群峰之上，更觉长风浩荡。

靠什么征服通往梦想的火焰山？拿什么安放我们心中如火的激情？

奋斗，唯有奋斗！

编　者

2023 年 7 月

① 《李大钊选集》，人民出版社 1959 年版，第 60 页。

目　录

第一目　博学而不穷，笃行而不倦

第二目　淬英雄之心,铸青年精神

第三目 “仿吾”情缘，穆如清风

第四目　行而不辍，履践致远

第五目　奋思笃行,共抒韶华

第六目　不忘来时路,共话家乡美

山东大学成仿吾英才班六期学员莱芜战役红色教育基地合影

山东大学成仿吾英才班六期学员参观中共山东省工委旧址党性教育基地

山东大学成仿吾英才班六期学员聆听莱芜战役红色专题教育课程

山东大学成仿吾英才班六期学员红歌合唱比赛合影

山东大学成仿吾英才班六期学员参加山东大学国庆升国旗主题团日活动

山东大学第六期成仿吾英才班举办主题团日观影活动

山东大学成仿吾英才班六期学员参加“Chat GPT 与学术伦理”专题报告会

山东大学成仿吾英才班六期学员参观山东赫达集团股份有限公司

山东大学成仿吾英才班六期学员应邀参加“高校青年人才淄博行”活动

山东大学成仿吾英才班六期学员代表参加“高校青年人才淄博行”座谈会

山东大学成仿吾英才班六期学员与山东大学马克思主义学院本科生团支部

开展党的二十大主题联学活动

山东大学第六期成仿吾英才班第三次理论教学

山东大学成仿吾英才班六期导师学员合影

山东大学第六期成仿吾英才班开展党的二十大精神宣讲活动(1)

山东大学第六期成仿吾英才班开展党的二十大精神宣讲活动(2)

山东大学第六期成仿吾英才班理论讲座

第一園　博学而不穷，笃行而不倦

【编者按】 成仿吾英才班的一次次授课是记事之绳上的一个个绳扣，记录着我们的成长。如果将大学比作一条单行道，那么成仿吾英才班便是道路两侧最特殊的路标，标记着我们在春天相遇，然后一起并肩走向一个又一个的春天；它也是道路两旁最葱郁的行道树群，肆意生长，枝繁叶茂，却有意将最温暖、最明媚的阳光留在这条笔直的路上。我们在春天相遇，但我们不只有春天，四季的更替与时间的累积让我们"仿吾"六期学子愈加认识到彼此的珍贵。那些听讲座和去实践的日子，那些共同准备各类赛事和答辩的努力，那些深夜里的互诉衷肠、时刻秒回相互鼓励的感动，点点滴滴汇聚起的温暖让我们明白，虽然人无法同时拥有成长和对成长的感知，但是幸好，在"仿吾"班，我们拥有彼此。

第一话|人学始知道

第六期成仿吾英才班举行开学第一课

2022 年 9 月 10 日，山东大学第六期成仿吾英才班以线上形式举行了开学第一课。山东大学马克思主义学院院长张士海、山东大学马克思主义学院教授王韶兴出席，山东大学马克思主义学院青年教师、第六期成仿吾英才班班主任董祥宾主持，第六期成仿吾英才班全体学员参加。

首先，王韶兴教授介绍了成仿吾英才班建设发展的历程与班级设置情况，并对同学们提出了殷切期望。王韶兴教授指出，成仿吾英才班坚持“立足校内、面向社会，立足现在、面向未来”的发展方针，旨在培养能够成为建设社会主义现代化强国栋梁之材的青年马克思主义者。同学们要有“功成必有我，功成必在我”的决心，坚定马克思主义信仰，与时代同频共振，勇担责任与使命，争做青年领袖，矢志不渝地朝着崇高理想奋进，在为党和人民事业的奋斗中创造辉煌人生。

其次，张士海院长向大家介绍了马克思主义学院的基本情况，并就正确理解和把握马克思主义进行了交流。张士海院长强调，马克思主义是我们党和人民事业不断发展的根本，是我们党和人民不断奋进的力量，我们要始终坚持马克思主义的指导。张士海院长进一步强调，要从整体上把握马克思主义，要正确理解马克思主义的内涵，用发展的眼光看待马克思主义，不断推进马克思主义创新发展。同时，张士海院长还向同学们推荐了阅读书目，鼓励同学们要学好马克思主义经典著作、打牢知识根基。

最后，同学们联系自己的生活实际分享了学习开学第一课的收获与感悟。同学们踊跃发言，从不同角度交流了自己的认识和思考，并表示要努力学好马克思主义，力争成为优秀的青年马克思主义者。相信我们第六期成仿吾英才班的“小青马”们定能谨记教诲，不辜所期、不负使命，为中华民族伟大复兴贡献自己的青春力量！

徐国亮教授学术讲座
暨第六期成仿吾英才班理论教学第二课

2022 年 9 月 24 日上午，山东大学第六期成仿吾英才班理论教学第二课以线上形式进行。山东大学马克思主义学院教授、博士生导师徐国亮以“学习习近平总书记治国理政的哲学思维提升领导力”为主题进行授课，山东大学马克思主义学院青年教师、第六期成仿吾英才班班主任董祥宾主持，第六期成仿吾英才班全体学员参加。

首先，徐国亮教授从百年未有之大变局的时代背景切入，分析了学习习近平总书记治国理政的哲学思维的重要意义。他希望同学们能以实现中华民族伟大复兴为己任，通过学习习近平总书记治国理政的哲学思维不断提高个人素质与领导力，增强能力本领。

其次，徐国亮教授指出了哲学思维的三大意义以及哲学思维方式的主要特征，并分析了习近平总书记治国理政的哲学思维和领导智慧。徐国亮教授强调，青年大学生要树立历史思维、辩证思维、创新思维、系统思维和底线思维，并要将其运用到学习和生活中，学会用马克思主义的立场、观点和方法分析问题、解决问题。他指出，领导力是一种影响力，“仿吾”青年不仅要学好专业知识，还要提升领导力，力争成为具有领导才能的特色人才。

最后，徐国亮教授对成仿吾英才班的同学提出了殷切期望。他鼓励同学们要以“创新创造”和“做正确的事”为己任，心有情怀、坚定信仰，脚踏实地、以身作则，用崇高的道德约束自己，用自己的言行影响和带动身边人。

本次授课深化了同学们对于习近平总书记治国理政的哲学思维与青年

领导力的认识与理解，为同学们坚定理想信念、提升个人修养、增强领导力奠定了基础。第六期成仿吾英才班的“小青马”们定将不辜所期、不负所望，努力学习马克思主义理论，不断提升能力本领，力争成为走在时代前列的奋进者、开拓者。

蔡卫忠教授学术讲座
暨第六期成仿吾英才班理论教学第三课

2022年10月8日上午，山东大学第六期成仿吾英才班理论教学第三课在马克思主义学院学术报告厅举行。山东大学马克思主义学院教授、博士生导师蔡卫忠以“中国法治建设与完善”为主题进行授课，山东大学马克思主义学院青年教师、第六期成仿吾英才班班主任董祥宾主持，第六期成仿吾英才班全体学员参加。

首先，蔡卫忠教授从概念切入，阐释了法律、法治的内涵及重要意义。其次，蔡卫忠教授结合“依法治国”的提出、发展历程分析了中国法治建设的推进及成就。他指出，坚持全面依法治国是推进国家治理体系和治理能力现代化的内在要求，也是国家治理体系和治理能力现代化的重要体现。自党的十五大提出依法治国以来，依法治国理念不断深入人心，并不断得到贯彻和落实。新时代，推进全面依法治国要牢牢坚持党的领导，坚持以人民为中心，不断健全和完善中国特色社会主义法治体系，着力推动科学立法、严格执法、公正司法、全民守法。最后，蔡卫忠教授就法治思维的培养问题进行了讲解，并就大学生如何树立法治思维、提高用法能力给出了建议和指导。

本次授课深化了同学们对中国法治建设的认识以及对全面依法治国的理解，同时也为同学们增强法律意识、树立法治思维奠定了基础。今后，第六期成仿吾英才班的学员将不断深化法律知识的学习，切实提升自身法治素养，做一名知法、懂法、守法、用法的新时代青年，助力法治强国建设。

郑敬斌教授讲座
暨第六期成仿吾英才班理论教学第四课

2022 年 12 月 3 日上午，山东大学第六期成仿吾英才班理论教学第四课以线上形式举行。山东大学马克思主义学院副院长、教授、博士生导师郑敬斌以"社会发展与青年价值观变迁"为题进行授课，山东大学马克思主义学院青年教师、第六期成仿吾英才班班主任董祥宾主持，第六期成仿吾英才班全体学员参加。

首先，郑敬斌教授分析了自改革开放以来中国社会发展经历的转型。他指出，社会发展是价值观变迁的依据，中国社会发展转型极大地改善了人民生活，提升了民族自信心，转变了人们的意识观念，但也带来了意识形态领域的挑战。

其次，郑敬斌教授阐释了社会发展与青年人价值观变迁的关系。他详细分析了不同年代青年人的价值观及变化原因，并重点分析了新时代青年人的特点。郑敬斌教授指出，新时代的青年是在日益开放和包容的社会环境中成长起来的，拥有较强的国家认同感、突出的个性色彩、鲜明的平等意识以及高度的自信心。新时代的青年，是"不被定义"的一代，也是"自我创造"的一代。

最后，郑敬斌教授表达了对"仿吾"学子的殷切期望。青年兴则国家兴，青年强则国家强。他鼓励"仿吾"学子要立鸿鹄之志，做有理想、敢担当、能吃苦、肯奋斗的新时代好青年，把个人理想融入中国梦之中，敢想敢为又善作善成，为新时代中国特色社会主义建设贡献自己的力量。

本次授课使同学们对不同年代青年人的个性特点及价值观变迁有了深入的了解，并对新时代青年人的责任使命有了更进一步的认识。成仿吾英才班的"小青马"们定将勤奋学习、昂扬向上、积善成德，努力成长成才，在新时代的征程上绽放青春光彩，不辜负党和国家的期望。

蒯正明教授讲座
暨第六期成仿吾英才班理论教学第五课

2023年2月25日下午,山东大学第六期成仿吾英才班理论教学第五课在马克思主义学院学术报告厅举行。山东大学马克思主义学院教授、博士生导师蒯正明以“弘扬伟大建党精神,传承百年红色基因”为主题进行授课,山东大学马克思主义学院青年教师、第六期成仿吾英才班班主任董祥宾主持,第六期成仿吾英才班全体学员参加。

首先,蒯正明教授对伟大建党精神形成的历史背景进行了阐述。他指出,伟大建党精神是在实现中华民族伟大复兴的艰难探索历程中形成的,革命先驱对救国救民道路的探索以及伟大的建党活动构成了伟大建党精神的实践基础。

其次,蒯正明教授系统分析了伟大建党精神的内涵。他指出,伟大建党精神集中体现了中国共产党的性质宗旨、初心使命,充分体现了中国共产党人的精神品质、价值追求。它贯穿于党的革命、建设和改革的全过程,是中国共产党的精神之源。

最后,蒯正明教授指出了弘扬伟大建党精神、传承红色基因的基本要求。他强调,弘扬伟大建党精神首先要对其进行深刻的学习和领悟,做到真学真懂真信,并要真讲真用真实践。同时,还要积极抵制与反对错误思潮,尤其是历史虚无主义,要树立正确的历史观,学会运用正确的立场、观点和方法认识重大理论和历史问题。

本次授课使同学们对伟大建党精神有了全面的理解,并对党的性质宗旨、初心使命,对共产党人的精神品质、价值追求有了更为深刻的认识。“仿吾青马”们定将继续深入学习和弘扬共产党人的伟大精神,自觉承担起时代责任与使命,坚持用马克思主义理论武装自己,不断努力奋斗,力争在新时代的征程上绽放青春光彩。

韩萌教授讲座
暨第六期成仿吾英才班理论教学第六课

2023 年 3 月 11 日下午，山东大学第六期成仿吾英才班理论教学第六课在马克思主义学院学术报告厅举行。山东大学马克思主义学院教授、博士生导师韩萌以“学习习近平总书记关于教育的重要论述”为题进行授课，山东大学马克思主义学院青年教师、第六期成仿吾英才班班主任董祥宾主持，第六期成仿吾英才班全体学员参加。

首先，韩萌教授从“何为教育”切入，对“教育”的词源、日常用法和经典界定进行了分析。她认为，教育是在社会生产生活劳动中产生的，对“教育”可以从三个角度进行理解：一是作为过程的教育，二是作为方法的教育，三是作为社会制度的教育。

其次，韩萌教授阐述了“原始社会”“古代社会”“近代社会”“现代社会”教育的特点及发展状况。她指出，近代社会出现了公立教育和初等义务教育，而现代社会则实现了教育的全民化、民主化和多元化。同时，韩萌教授还结合现代社会的教育特点对当前高等教育的发展问题谈了自己的看法。

最后，韩萌教授系统讲解了习近平总书记关于教育的重要论述。她详细分析了习近平总书记关于教育的重要论述的时代背景、主要内容，并指出习近平总书记关于教育的重要论述为新时代的教育发展以及教育强国建设提供了根本遵循和行动指南。

本次授课使同学们对习近平总书记关于教育的重要论述有了更加全面的理解，并对“何为教育”以及“教育的发展与动力”问题有了更为深刻的认识。今后，“仿吾青马”们将继续深入学习习近平总书记重要讲话精神，坚持用习近平新时代中国特色社会主义思想武装自己，不断提高自身的理论水平和思想觉悟。

黄广友教授讲座
暨第六期成仿吾英才班理论教学第七课

2023 年 4 月 8 日下午,山东大学第六期成仿吾英才班理论教学第七课在马克思主义学院学术报告厅举行。山东大学马克思主义学院教授、博士生导师黄广友以“十字路口的中国:马克思主义的传播与中国革命新路向的开辟”为题进行授课,山东大学马克思主义学院青年教师、第六期成仿吾英才班班主任董祥宾主持,第六期成仿吾英才班全体学员参加。

首先,黄广友教授从“何为革命”切入,从不同角度阐释了社会意义的革命和政治意义的革命。他指出,要想科学地理解革命的含义,就要明白马克思主义在这一方面的思想观点。

其次,黄广友教授结合时代背景阐述了马克思主义在中国传播何以可能,并系统讲解了中国共产党的成立为中国革命所带来的新气象。

最后,黄广友教授结合国共合作的破裂分析了中国革命的新路向。他指出,中国共产党领导工农阶级进行的革命开辟了中国革命的新路向,对中国革命的胜利以及中华民族的新发展产生了深远影响。

本次授课使同学们对党史、中国革命史有了更加系统的认识,并对马克思主义在中国的传播有了更为深刻的理解。今后,“仿吾青马”们将继续深入学习党史,坚持用马克思主义理论武装自己,不断努力奋斗,自觉承担起时代责任与使命,争做担当民族复兴大任的时代新人。

段立国副教授讲座
暨第六期成仿吾英才班理论教学第八课

2023 年 5 月 27 日下午，山东大学第六期成仿吾英才班理论教学第八课在马克思主义学院学术报告厅举行。山东大学马克思主义学院段立国老师以“增进文化自信，挺起民族复兴的精神脊梁”为主题进行授课，山东大学马克思主义学院青年教师、第六期成仿吾英才班班主任董祥宾主持，第六期成仿吾英才班全体学员参加。

首先，段立国老师从历史、现实和世界三个角度切入，分析了文化在中华民族兴盛中发挥的重要作用。他指出，一个国家的崛起既离不开强大的物质力量，也离不开强大的精神力量，实现中华民族伟大复兴需要以中华文化的发展繁荣为条件、做支撑。

其次，段立国老师系统阐释了什么是文化自信以及为什么要坚定文化自信。他指出，文化自信是一个民族对自身文化所具有的积极的精神状态。文化自信是培植民族自信的关键，更是引领文化创新发展、创造文化新辉煌的坚强底气和精神力量。

最后，段立国老师针对在实现民族复兴的新征程中青年大学生应该如何增进文化自信表达了自己的观点。他表示，新时代的青年大学生正处于独特的人生阶段，有着独特的社会责任和历史使命，要勤学苦练，不断提升文化自觉，增强马克思主义理论自信，立志成为中华民族伟大复兴的建设者与“圆梦人”。

本次授课使同学们对文化自信有了更全面的理解，对文化自信与民族复兴之间的关系有了更深入的认识。“仿吾青马”们定将继续勤奋学习，坚定和增进文化自信，不断努力奋斗，为实现中华民族伟大复兴的百年夙愿和建设社会主义现代化强国的宏伟目标注入青春能量。

第二话｜读书方明理

第六期成仿吾英才班成功举办第一期读书会

2022年11月5日上午，山东大学第六期成仿吾英才班以线上方式举办了“马克思主义经典著作”主题读书会，同学们对选定的三篇经典文献进行了深入研读与学习分享。

来自新闻传播学院的唐艺航同学在前期阅读学习时绘制了详细的思维导图，从背景、结构、意义三个维度分析了《关于费尔巴哈的提纲》这篇重要文献，并与同学们分享了自己的学习体会和感悟。

来自文学院的徐荣先同学对“市民社会”这一术语进行了分析，认为只有将其置于哲学史中进行考察，做一个谱系式的梳理，才能加深我们的理解。同时，他通过比较分析黑格尔、马克思和葛兰西三人关于“市民社会”的论述，向大家阐释了“市民社会”的不同内涵指向。

来自国际教育学院的王艺荣同学就《关于费尔巴哈的提纲》中她最喜欢的一句话——“哲学家们只是用不同的方式解释世界，而问题在于改变世界”①谈了自己的认识和体会。随后，她就学习党的二十大报告分享了自己的感悟，并重点谈了自己对“中国式现代化”的认识和理解。

本次读书会气氛活跃，大家畅所欲言、各抒己见，进行了激烈的思维碰撞。本次读书会既提升了同学们的知识素养，也拓展了同学们的理论思维。同时，读书会充分贯彻党的二十大精神，激励“仿吾”学子以读书交流为契

---

① 《马克思恩格斯全集》第3卷，人民出版社1960年版，第6页。

机，深刻理解并把握新时代青年的责任与使命，立大志、明大德，成大才、担大任，努力成长为堪当民族大任的时代新人，为国家富强奉献青春力量！

第六期成仿吾英才班成功举办第二期读书会

2022 年 11 月 19 日上午，山东大学第六期成仿吾英才班以线上形式成功举办第二期"马克思主义经典著作"主题读书会。

为提升学习趣味性、巩固学习效果，本次读书会设置了知识抢答环节。该环节结合《关于费尔巴哈的提纲》、《共产党宣言》、党的二十大报告等文献的主要思想及知识点，设置了选择题、填空题、判断题等一系列题型。同学们踊跃参与、积极抢答，既展现了过硬的知识储备和良好的理论素养，也将读书会的氛围推向了高潮。

随后，同学们重点围绕《共产党宣言》进行了研读学习和分享交流。

来自物理学院的刘佑翔同学绘制了详细的思维导图，并从创作背景、文章结构、理论价值等方面进行了逻辑梳理和学习展示，增进了同学们对《共产党宣言》内容结构及重要意义的理解和把握。

来自经济学院的金思妤同学结合辩证唯物主义中的矛盾观、发展观、联系观阐述了自己对阶级斗争的理解，并围绕着《共产党宣言》中"至今一切社会的历史都是阶级斗争的历史"①这一观点进行了阐释和解读。

来自泰山学堂的向仲博同学结合《共产党宣言》的思想观点，对资本主义的本质、资本主义的发展以及部分资本主义国家的发展现状进行了分析，并进一步阐述了自己对资本主义社会无法跳出经济危机历史周期律的认识和理解。

来自基础医学院的王文秀、来自管理学院的刘议莲、来自历史文化学院的程佩璇等多位同学结合思维导图阐述了无产阶级的产生发展及历史使

① 马克思、恩格斯:《共产党宣言》，人民出版社 2018 年版，第 27 页。

命,并结合当下的学习生活分享了《共产党宣言》带给自己的成长和启发。

本次读书会气氛活跃,同学们踊跃发言、积极分享,在交流讨论中不断碰撞出思想和智慧的火花。本次读书会进一步深化了同学们对马克思主义经典著作的学习,使同学们对马克思主义有了更深入的认识和理解。

第六期成仿吾英才班成功举办第三期读书会

2023年3月25日下午,山东大学第六期成仿吾英才班在马克思主义学院学术报告厅成功举办第三期"马克思主义经典著作"主题读书会。

为提升学习趣味性、巩固学习效果,本次读书会结合党的二十大报告以及《共产党宣言》《反对本本主义》《实践论》《矛盾论》等设置了知识抢答环节。该环节设置了选择题、填空题、判断题等一系列题型,并为表现优秀的同学准备了丰厚奖品。同学们踊跃参与、积极抢答,展现了扎实的知识功底。

随后,同学们重点围绕《反对本本主义》进行了研读学习和分享交流。

来自基础医学院的李雅轩同学结合自己社团的工作经历,谈了自己对"调查就是解决问题"①的认识。她指出,只有将问题的来龙去脉调查清楚了,才能找到解决问题的办法,纯主观地想象、不懂就乱说、不调查情况就下结论,对我们的学习和工作都是非常有害的。

来自齐鲁交通学院的王可莹同学结合学习生活实际谈了从《反对本本主义》中得到的启发。她指出,反对本本主义就要做到理论联系实际、善于调查、重视实践。问题摆在面前,倘若我们只是纸上谈兵,那这个问题便永远是问题。但若是我们调查清楚问题,看透它的本质,调查明白它的历史和现状,分析清楚它的内因和外因,那一切便能迎刃而解。

来自电气工程学院的赵书振同学绘制了详细的学习思维导图,并结合

① 《毛泽东选集》第1卷,人民出版社2006年版,第110页。

《反对本本主义》的写作背景和主要内容谈了自己的收获。他指出，在今天我们要继续发扬实事求是、求真务实、理论联系实际的优良传统，只有坚持实事求是，才能正确地开展工作，只有坚持具体情况具体分析，才能增强工作的针对性和实效性。

来自经济学院的张忠炜同学指出，不具体情况具体分析，只是一味盲目地生搬硬套，这种"拿来主义"的做派是非常错误而且危险的。反对本本主义就是反对教条主义，反对生搬硬套，胸中要有"本本"，但必须与实际情况相结合。在学习工作中，我们既要学好书中的理论，又要进行实际调查，坚持实事求是、具体情况具体分析，反对脱离实际情况的本本主义。

"仿吾"读书会激励同学们以读书交流为契机，在学思中悟真理、促成长，既提升了同学们的理论思维水平，也深化了同学们对马克思主义的认识和理解。

第六期成仿吾英才班成功举办第四期读书会

2023年6月3日下午，山东大学第六期成仿吾英才班在马克思主义学院学术报告厅成功举办第四期"马克思主义经典著作"主题读书会，同学们重点阅读和学习了《矛盾论》《〈黑格尔法哲学批判〉导言》《新民主主义论》《为人民服务》等经典名篇。

为增添学习趣味、巩固学习效果，本次读书会结合原著设置了知识抢答环节。同学们踊跃参与、积极抢答，既展现了扎实的知识功底与良好的理论素养，也充分调动了读书会的氛围。

随后，同学们进行了阅读分享，并着重谈了自己的学习体会和感悟。

来自文学院的程佩璇同学结合我国社会主要矛盾的变化，对《矛盾论》进行了详细解读。她总结指出，马克思主义是我们认识世界、改造世界的强大思想武器，我们要将其融入学习和生活中，用其指导我们更好地认识世界。

来自哲学与社会发展学院的解颖同学对《〈黑格尔法哲学批判〉导言》进行了解读。她详细介绍了《〈黑格尔法哲学批判〉导言》的写作背景、主要内容以及重要意义，并就文章带给自己的思考和启发进行了分享。

来自基础医学院的王文秀同学谈了自己对《为人民服务》的思考和认识。她指出，只要是为维护人民利益而做的事情都是高尚的，更是有意义和有价值的，我们青年大学生要树立正确的价值观，不断增强自身能力和本领，努力在为人民服务中实现自己的人生价值。

来自经济学院的张忠炜同学就《新民主主义论》和大家进行了阅读分享。他详细介绍了《新民主主义论》的写作背景和主要内容，并就自己对文章的认识进行了分享。

读书会结束后，同学们纷纷将自己的读书笔记、学习感悟发到班级群，以进行进一步的分享和交流。

本次读书会气氛活跃，大家踊跃发言、积极互动，在学思中悟真理，在交流中促成长。读书会使同学们对马克思主义经典著作有了更深入的接触和学习，同时也进一步深化了同学们对马克思主义的认识和理解。

第三话|行之胜知之

第六期成仿吾英才班开展党的二十大主题联学活动

为深入学习贯彻党的二十大精神,2022 年 11 月 6 日下午,山东大学第六期成仿吾英才班与马克思主义学院本科生团支部以线上形式联合举办了党的二十大主题联学活动。本次活动邀请到了马克思主义学院 2022 级辅导员刘静老师,由 2021 级本科生李涵冰主持,第六期成仿吾英才班学员以及马克思主义学院 2020 级、2021 级同学围绕党的二十大报告进行了分享。

首先,山东大学第六期成仿吾英才班学员郑翊琳、李雅轩以“人民对美好生活的向往不断变为现实——奋进新征程　建功新时代·非凡十年”为主题进行了分享。两位同学围绕“江山就是人民,人民就是江山”展开,以“回首”为关键词,从“抗击世纪疫情”“真抓实干民生”“乡村振兴新篇章”三个方面着手,为大家展示了过去十年我们党增进民生福祉、提高人民生活质量的宏伟事业。

其次,马克思主义学院 2020 级本科生冯威然和周子棋同学围绕“‘零容忍’——谱写全面从严治党新篇章”进行了主题分享。两位同学介绍了党的十八大以来全面从严治党所取得的历史性成就。他们指出,在新时代的新征程中,要坚持用习近平新时代中国特色社会主义思想武装头脑、凝心聚力,坚持和加强党中央集中统一领导,强化正风肃纪建设,不断打造堪当民族复兴重任的高素质干部队伍。

最后,马克思主义学院 2021 级本科生马嘉晟和王敬成同学进行了“坚定不移沿着这条光明大道走下去”的主题分享。两位同学围绕“中国式现代化是什么？”“中国式现代化的本质要求是什么？”两个问题展开讲解，让同学们深刻认识到了中国式现代化的重要意义。

本次联学活动在同学们的热烈交流中落下帷幕。未来属于青年，希望寄予青年。同学们纷纷表示，要认真学习贯彻党的二十大精神，不负时代、不负韶华，不负党和人民的殷切期望，立志做有理想、敢担当、能吃苦、肯奋斗的新时代好青年。

第六期成仿吾英才班举办主题团日观影活动

2023年3月25日，山东大学第六期成仿吾英才班开展主题团日活动，全体学员一同观看了红色革命影片《望道》。

电影以陈望道先生翻译《共产党宣言》开始，以陈望道先生的一生为线索，讲述了马克思主义刚刚传入中国时的历史故事。电影向我们展现了在那个风雨飘摇的年代里，革命英雄的坚守与风骨。学员们沉浸在革命先烈的光辉事迹中，受到精神洗礼。

百年前，千千万万名“望道”披荆斩棘、前仆后继，为中国革命的胜利铺平了道路。百年后，“仿吾青马”们不仅要致敬“望道们”，更要继承他们的衣钵、传承他们的精神，以青年之姿续写中华民族伟大复兴的故事。

第六期成仿吾英才班
开展党的二十大精神宣讲活动(一)

为进一步学习贯彻党的二十大精神，激发广大青年学子爱国爱党情怀，自2023年3月以来，山东大学第六期成仿吾英才班“轻骑兵”宣讲队分赴山东大学管理学院、能源与动力工程学院、机械工程学院开展党的二十大精神宣讲活动。

在管理学院的宣讲活动中,队员付晓宇、王晨曦、张忠炜先后进行了宣讲。付晓宇以"科教兴国:十年成就回望"为主题,从科教兴国战略的推进实施切入,回顾了党的十八大以来我国在科技发展、教育事业等方面取得的巨大成就,并指出我们要以更强烈的历史主动精神践行科教兴国战略。王晨曦以"青山绿水蓝天,共创美好人间"为主题,全面介绍了构建人与自然生命共同体理念以及生态文明建设的举措、成就,生动阐释了"人不负青山,青山定不负人"的道理。张忠炜围绕"新时代全面从严治党的伟大实践",用一系列数据、事例阐述了全面从严治党的举措及成就。

作为队员代表,季宏甜到能源与动力工程学院进行了宣讲。她的宣讲围绕科技创新与青年人的使命而展开。季宏甜谈道,国家发展需要科技创新,而科技创新需要人才培养,作为未来推动科技发展的关键力量,青年大学生要夯实知识基础、树立创新思维、牢记责任使命,竭力为祖国的科技事业发展做贡献。

在机械工程学院的宣讲活动中,宋梓宁以党的二十大为主线,以"万变守其本,文化持长青"为主题,从继承传统、聚焦现实、面向世界三个维度论述了新时代的文化自信。宋梓宁谈道,青年一代应以更加昂扬的精神面貌,以实际行动推进文化自信自强,为铸就中国特色社会主义文化新辉煌贡献自己的力量。

学习二十大,永远跟党走,奋进新征程。让党的二十大精神在各处落地生根、开花结果,是宣讲的意义所在,也是宣讲团的追求。本次宣讲活动充分展现了第六期"仿吾青马"的专业素养与优秀风采,同时也使党的二十大精神更加深入广大学子的内心。接下来,宣讲团将以更加饱满的精神状态继续开展党的二十大精神宣讲活动,以青春之声传递强国之音。

第六期成仿吾英才班
开展党的二十大精神宣讲活动(二)

学习二十大,奋进新征程。山东大学第六期成仿吾英才班“轻骑兵”宣讲队分赴多个学院继续开展党的二十大精神宣讲活动,以青春之声传递强国之音。

在化学与化工学院的宣讲中,队员程佩璇以“学史增信,砥砺前行”为主题,对学习党史、新中国史、改革开放史、社会主义发展史的必要性和有效方法进行了讲解。队员邓子铭以“生而逢盛世,青年当有为——从党的二十大看新时代的伟大飞跃”为主题展开宣讲,用四个“伟大飞跃”总结了中国的发展变化和取得的巨大成就,并呼吁同学们要坚定不移听党话、跟党走,怀抱梦想、脚踏实地,做新时代好青年。队员解颖以“中国化时代化的马克思主义为什么行”为主题,全面介绍了新时代十年的伟大变革,并指出,新时代十多年来我国之所以能够取得巨大的历史性成就、实现伟大的历史性变革,最根本的就在于有习近平新时代中国特色社会主义思想的指引。

在控制科学与工程学院的宣讲会上,队员付晓宇从科教兴国战略的推进实施切入,回顾了党的十八大以来我国在科技发展、教育事业等方面取得的巨大成就,并指出,新时代青年要努力学习科学知识、增强实干能力,以强烈的历史主动精神践行兴国强国的时代担当。队员郑翊琳围绕“促进世界和平与发展,推动构建人类命运共同体”的“中国智慧”“中国方案”进行了讲解,指出,中国始终站在历史正确的一边,站在人类进步的一边,一直在为建设更加美好的世界而努力,用中国力量彰显世界担当。

宣讲活动受到了师生的广泛好评,充分展现了第六期“仿吾青马”的专业素养与优秀风采。接下来,“仿吾”宣讲团将以更加饱满的状态、更加高昂的热情,继续开展党的二十大精神宣讲活动,让党的二十大精神深入广大学子的内心,激发新时代青年的奋斗热情。

第六期成仿吾英才班学员赴淄博开展调研活动

2023 年 4 月 15 日，淄博市政府组织开展"高校青年人才淄博行"活动，山东大学第六期成仿吾英才班学员应邀参加。

活动的第一站是山东赫达集团股份有限公司。在企业展厅，工作人员从发展概况、企业文化、产品结构等方面向同学们全方位地介绍了赫达集团。而后，工作人员带领同学们实地参观、互动交流，并详细讲解了公司业务、岗位设置、员工福利、晋升发展等相关方面的情况。

随后，同学们来到了西铁城新景高端装备智能制造产业园。园区负责人从研发、智造、产品、服务、管理等多个方面向同学们讲解，全面介绍了西铁城精密机械有限公司的产业模块、发展前景、企业文化等情况。之后，工作人员带领同学们实地参观了智能制造产业园。从智能化、卓越化的工作流程到明亮开阔、干净舒适的配件加工中心，同学们深入生产一线，真实且近距离地感受了现代化的产品制造过程。

本次调研活动使同学们对现代化产业发展有了更直观的感受，对智能制造业有了更全面的了解，这有助于进一步深化同学们对社会发展、择业就业等问题的认知。

第二目　淬英雄之心，铸青年精神

【编者按】 家书，是一份牵挂，是一份期盼，也是一份传承。无论过去还是现在，家书都让人感受到爱与光明，感受到力量与希望。成仿吾英才班六期学员们通过书写红色家书，向为共和国的建立与腾飞做出卓越贡献的前辈，传达青年后辈对他们的崇高景仰。每一次对前辈的回望，都是一次信仰的传承；他们的坚定信仰、崇高精神、伟大人格，永远值得我们学习，始终是我们奋勇前进的重要精神源泉。

第一话｜深藏功与名，灼灼爱国情

唯愿梦华亭

梦里不知岁已老，朦胧人间谁登高？

触目十里锦绣繁花，暗淡了刀光剑影，远去了鼓角争鸣。黄浦江畔熙熙攘攘，摩肩接踵，翘首只见银白的柱挑着一抹鲜艳的红——是梦里的华亭。那年，她还在那里，穿过清晨朦胧的雾气，推开公馆的大门，手中的笔点亮寂静的大堂。抬步迈进图书馆，轻轻拂去诗集上的尘灰，她的身影隐约浮现。

前夕

“我不辩解就是了。”推开“76 号”的大门，与李士群的妻子谈笑风生，在风声鹤唳的光影交织中，掩面团扇的竹骨纱面透过已往的流光。流光最易把人抛，红了樱桃，绿了芭蕉。关露，20 世纪 30 年代左联著名女作家，与张爱玲、潘柳黛、苏青并称民国四大才女。她本可肆意蹁跹于笔端，一如那年的张爱玲，也可傲然绽放于凌霄，一如那时的林徽因。“76 号”那扇沉重的大门，被缓缓推开，她，义无反顾地走进了党的地下事业，成了潜伏于“楚河”那端的一枚红色棋子。少女绮丽的梦已不再，茅棚船牖的生活已灰飞，只有那个红色的梦——万民欢歌，红旗招展，是那么真切，那么温暖。

“组织让你去策反李士群，潜入汪伪政府，以后别人叫你‘汉奸’时，你可不能辩解啊。”“我不辩解就是了。”1939 年的冬天，关露经潘汉年接到组织派给她的任务，进入汪伪特工总部"76号"，成了那里的常客。走进"76号"前，那沧海桑田的一眼，沉淀了上海的江、上海的人群和上海上空冉冉升起的红旗。

午夜

那无疑是段黑暗的时光。关露对妹妹写道："我想回到'爸爸妈妈'身边去，不知他们是否同意？"回信中，妹妹的那句"你的身份适合做地下党"摧毁了她的想法，迷茫困惑连天涌来。昔日戏言身后意，奈何今日不可期……她想起了那个梦，那个散布着烈烈朝晖的新中国梦，在这个凄冷的寒夜里尤为夺目。

两年多的地下工作后，关露成功完成了任务。可没想到，她能走出"76号"，却走不出世人的污言和敌人的抹黑。为联络日本左翼人士，她在日本报社《女声》承担编辑工作，同时通过刊登爱国文章、培养红色青年，在阴暗处悄然绽放自己的芳华。可从来没有发表过亲日文章的她，只因出席了一场日本人举办的会议便受万夫指责。撕开面具，仔细地辨认，分明是两分的无奈彷徨，一分的借酒消愁，七分的憔悴笑颜。这酒是早已酿制于心中的，为的是让自己微醺，许梦久长。于是，那面揭竿而起的旗帜，撩拨了她的心，在梦中猎猎飞舞，拾起了她眼中破碎的琳琅。那个红色的梦，照亮了前方蜿蜒崎岖的征途。

黎明

1945年，日本投降，国民党开始锄奸，她被贴上了"汉奸"的标签。如今的她，豆蔻词工已不在，枯槁的笔再难润泽风干的墨迹，自己尘垢在身，不敢叹风尘；二八年华似水流，脆弱的身体早已扛不住黑暗的地下生活，自己两手疮茧，不敢见旧人。她没能熬到黎明，在平反的炮声中沉沉睡去，天亮后社会主义的光芒洒在身上，明丽而祥和。

她也曾人面桃花风流俏，对镜画眉懒梳妆。奈何满目山河皆破碎，魑魅魍魉欺华夏。报国心似箭，肝胆照日月，与子同袍赴沙场。暗夜独行明如镜,一片丹心唯报国,纵死犹有侠骨香。谍海沉浮,忍将声名裂。归去来兮魂漂泊。回首万里,江山如画。

今朝

数十载后,书页在手心纷飞,思绪却早已飘到了黄浦江畔。浦东车水马龙,远远地瞧见东方明珠塔上闪着熠熠的银光,汽笛喧闹声此起彼伏……这是她梦中的华亭,梦中的上海吗?当时唯愿梦到的场景,而今已成现实。

但你是否将他们,如关露一样的他们忘却?

不!如何能忘?

不曾忘,盘古持巨斧劈开这洪荒,始皇横槊立马贯九州;不曾忘,燧人氏取星辰之辉来耀四方,屈原带陆离长铗吟涉江;不曾忘,哪吒七尺红绫击排空巨浪,五四青年不肯将风骨换锦绣;不曾忘,女娲斩鳌足立天柱万仞,凉山橙光于赤焰逆行……从太初大荒到时代新潮,何曾少过这样的他们?天地英雄气,千秋尚凛然。这兀自吹了上千年的英雄之风,从未缺席。斧头劈开的天地之间,到处都是如关露一般的他们。

纵有千般难,唯愿梦“华亭”。他们梦中的,是华亭,是华夏,是中国。驻足于图书馆外的石阶,展眼于如画的锦绣江山,饮罢乾坤喉头犹有热气,眼中的热泪在纸上沸腾,升腾氤氲的雾气中是无数人的笑颜。胸前的团徽格外耀眼,一如他们举起的右拳、炙热的双眼和忠烈的誓言。

他们有梦,我亦有梦。

行遍昆仑,踏月长歌描千古丹青;披览篇章,遁入传奇绘天地苍茫;检点飞光,漫书琅环缅先烈热血;拨开荆棘,逐梦筑梦兴辉煌中华。

闭眼,迈步,九万里风鹏正举。不只是唯愿,更是我坚信,定会有那么一天,我们伟大的中国梦照进现实。这风华人间,待青年人来闯!

(文/唐艺航)

开一代新风，怀家国之情

"你在历史课本上随便划下的几行，也许就是英雄的一生。"生逢乱世，他花了一辈子的时间去战斗。

1942年5月27日，四川江津的一个小村庄中，一个老人在贫病交加之中停止了呼吸。这个叫陈独秀的老人——后世口中毁誉参半的老人，留下了无数的传奇故事。"独秀"这个名字，是他为自己所起的笔名。陈独秀的家乡有一座独秀山，在众山之中独树一帜，他希望自己在"众山"中能像"独秀山"一样特别。所以，"独秀"二字包含了他的抱负与信仰。陈独秀先生的一生，见证了20世纪初中国的衰败与落后，也见证了现代中国的摸索与进步。可以说，陈独秀先生的一生，是中国从思想启蒙到发展成为社会主义国家的一次大跃进。

年幼时的家境对一个人的禀性有着决定性的影响。陈独秀很小的时候，父亲就去世了。他的母亲虽没读过什么书，却开明干练，还是个老好人，做事情往往包容他人，却缺乏果断坚决的态度。他母亲的性格对他的影响极大：陈独秀的很多友人称赞他疾恶如仇，也有看不惯他的人批评他性情暴躁。因为他总是优容奸恶，也因此误过不少大事。在北伐战争时期，蒋介石在上海发动了"清党"运动，在此危急关头，陈独秀作为党的主要领导人仍对国民党抱有幻想，不愿主动从中脱离，造成了在上海的大批党员或被杀害，或逃到武汉。

青年时的陈独秀，一直投身于反清工作。从宣传到建立组织，再到武装斗争的转变。后来，他将工作的重点转移到了启迪民众思想上。在上海创办了《青年杂志》，第一次提出了"科学"与"民主"的概念，人们的思想也就此开始得到解放。

在叛逆刚烈的同时，他也不乏可爱。在他要去上海看望胡适之的时候，大大小小的包裹带了八个。他的好友汪先生问他："仲甫啊，怎么拿这么多包啊，大包小裹的你逃荒呢。”陈独秀回答道：“是高君曼，我说了只带一个包，她一下弄了五个，就为了这两个小的（延年和乔年）吃的穿的喝的用的，她把前门楼子都差点搬过来。”汪先生说：“君曼对孩子也是真好啊，这……这还五个包，我看有八个包。”“反正也这么多了，也不差那几个，我又加了三个包。”陈独秀先生淡淡说道。我看到这段文字时大笑不已，其人物形象在我心中也更加丰满了起来。

虽说陈独秀先生是有一些“柔”，但这不代表他没有血性和义气。只能说，当时的他被大环境蒙住了视线，没有摸索到那条最正确的道路。我很喜欢也很赞同著名党史专家廖盖隆说的一句话：“纵观陈独秀之一生，以史功为主，其过为次。我们应当宣传陈独秀的历史功绩，确认他是中国革命历史上的杰出人物，永远纪念他。”

他与李大钊先生一众带领青年为国家找“药方”。眼看自己被逼至绝境，也丝毫不动摇开展新文化运动的初心。可当局黑暗反动，从夹缝中探出头来的新文化被各方势力联合打压。陈独秀先生充分发挥领导作用，助推新文化的小苗逆风生长。

巴黎和会上中国外交失败，陈独秀先生和先进的爱国青年义愤填膺。他毅然收回“二十年不谈政治”的决心，带领新生的新文化，迈入深不可测的政坛中。轰轰烈烈的五四运动开始了。“打倒卖国贼”“推翻北洋政府”……一个个响亮的口号喊醒了贫困的劳苦大众。工人阶级站起来反抗，运动进行得彻底又影响深远。他同李大钊等革命者一众，将马克思主义付诸实践，开辟出一条通往美好未来的道路。

他一生都在“坚守”。他见识过千疮百孔的中国、迂腐黑暗的中国，但是他的爱国之心未变，他为中国寻一条复兴路的那份心至死不渝。即使身边许多同僚依附于强权，他也守住了自己的初心。在他穷困潦倒之年，蒋介石多次请他主持另建一个新党，他却坚定拒绝：“一个阶级只能有一个党派。”

先生开一代新风，念天下百姓，怀家国之情。也正是因为有这么多如先生一般“以天下百姓为大”的英雄们前赴后继，我们的国家才能傲然屹立于世界东方！

（文/郑翊琳）

四海今歌

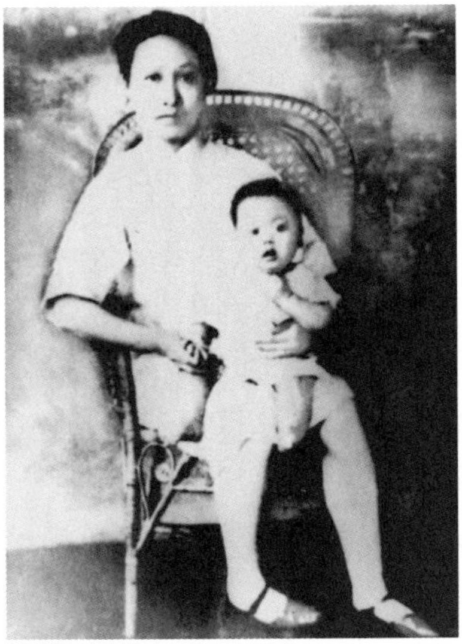

四川省宜宾市翠屏山的赵一曼纪念馆内，收藏了一张照片。照片中一位面容清秀的女子怀抱小孩，坐在藤椅上。这是他们此生唯一的合影。之后，这位女子便毅然奔赴东北抗日前线，只留下了一封字字如泣的家书。

她，便是赵一曼。

儿时启蒙成巾帼。赵一曼原名李坤泰，出生于四川省宜宾市白花镇。在当时那个"女子无才便是德"的年代里，赵一曼的父亲已经意识到了让女儿读书的重要性，并深知只有读书才可以改变命运。所以，年仅八岁的赵一曼就进了自家办的私塾，与族中子弟一起读书写字。《儿女英雄传》中行侠仗义的十三妹、《说岳全传》中岳飞抗击金兵的故事深深影响了年幼的赵一曼，一颗爱国的种子就这样在她心中生根发芽。

因为从小就接受教育，所以青年时期的赵一曼极力反对封建旧俗，并与封建旧俗进行了坚定的抗争。在她十岁那年，母亲按传统习俗制备缠足布和尖尖鞋，给她强行缠足。赵一曼哭嚷着竭力反对，用柴刀砍烂束缚女性的缠足布、小脚鞋。在她的拼死抵制下，父亲母亲无可奈何，最后只能听之任之。这种敢于反抗、敢于斗争、崇尚真理的精神，成为赵一曼一生的底色。

璧碎山河铭国耻。成年后的赵一曼成为一名光荣的共产党人，积极参加学生运动、工人起义。但不幸的是，1935 年 11 月，赵一曼为掩护部队腿部负伤，在昏迷中被俘。日军将她押送到珠河县公署牢房，连夜严刑拷打，而后又把她转送到哈尔滨关押。日军用钢针刺伤口，用烧红的烙铁烙皮肉，还硬生生地拔掉了她的全部手指甲,对她施加电刑逼其招供。

但她始终只说着这几句话:

“我什么都不知道!”

“你们这些强盗,可以让整座村庄变成瓦砾,可以把人剁成烂泥。可是,你们消灭不了共产党人的信仰!”

读完她的故事,我泪流满面。她,像一束光照进了我的心房。

何为信仰?这就是信仰!她终将不朽,于亘古长夜闪光。

泪洒家书字生香。1936年8月1日,敌人将赵一曼押上了开往珠河的火车。在生命的最后时刻,赵一曼想到了她幼小的儿子。她向敌人要来纸笔,给儿子留下了最后的遗言。

宁儿:

母亲对于你没有能尽到教育的责任,实在是遗憾的事情。

母亲因为坚决地做了反满抗日的斗争,今天已经到了牺牲的前夕了。

母亲和你在生前是永远没有再见的机会了。希望你,宁儿啊!赶快成人,来安慰你地下的母亲!我最亲爱的孩子啊!母亲不用千言万语来教育你,就用实行来教育你。

在你长大成人之后,希望你不要忘记你的母亲是为国而牺牲的!

这是一封字字千钧的家书,其间浸透着赵一曼为国家、为民族、为人民甘愿献出一切的共产主义精神和大无畏革命气概,表达了一个坚贞不屈的母亲对自己孩子寄予的无限希望。纵使千言万语也难以道尽即将离别的感伤,赵一曼临终前对孩子倾诉的始终是那份如血如歌的爱国心!

“打倒日本帝国主义!”“中国共产党万岁!”

越过青草芳芳,我仿佛看见了赵一曼女士临刑前高唱《红旗歌》的模样……

“蜀中巾帼富英雄,石柱犹存良玉踪。四海今歌赵一曼,万民永忆女先锋。”她是巾帼英雄,是开拓进取、坚韧不拔的共产党人,是永不熄灭的火光!

纸已泛黄,墨仍飘香;字还温暖,声在耳旁。华夏儿女,永远不会遗忘那些英雄烈士;肩负时代重托的我们,亦永远不会丢掉信仰。

身为"仿吾青马"学子的我们，应珍惜青春韶华，以遇水搭桥、逢山开路的勇气，以时不我待的紧迫感、为国尽心的使命感，奋苦而求效，勇做青春的激荡者、人生的开拓者、社会的奉献者、国家的建设者。

（文/邓子铭）

岁月失语，唯石能言

"遍地哀鸿满城血，无非一念救苍生。"毛泽东同志的话语道出了无数战士舍生忘死、心怀苍生、救民于难的赤子之心。斗转星移，时光淘走了过往的厮杀之声，亦湮没了战场的斑驳沧桑。但当我们站在繁华盛世回望那片旷野时，仍触目感怀，感怀的是那巍峨耸立的马石山上昂首挺立的十位勇士，他们无言而又沉重地向一代又一代人讲述历史的热血豪情，诠释着那份铮铮傲骨和红色精神。

岁月失语，唯石能言。何用言语，河山为名。潮起潮落，岁月用静默的语言记述了他们担当奉献、舍己为民的大爱情怀。1942 年是胶东敌后抗战最艰苦的困难时期，日军对山东抗日根据地进行了更加频繁的"扫荡"。"大扫荡"历时 40 多天，马石山是日军一个重要的合围点。方圆数十里内的 6000 多名群众被日伪军围困于马石山地区。日军在山下燃起层层火堆，密布岗哨，形成包围圈。在群众身陷绝境、走投无路时，执行任务路过马石山的十名战士，在没有上级命令的情况下，毅然决定放弃归队，留下来帮助群众突围。他们"四进三出"，勇救群众。在众多敌人涌来的紧要关头，班长王殿元率领战士们用生命撕开了一个突破口，护送百姓冲出了包围圈。面对群众的生命安危，战士们没有犹疑，没有彷徨，更没有退缩，他们数次往返于危机重重的马石山，拼尽全力也要将百姓护佑在心。在反复突围将更多的群众安全送出后，越来越多的敌人也被吸引过来。面对敌众我寡的严峻形势，为了保全群众，仅剩的六名战士义无反顾登上了与疏散群众方向相反的马石山峰顶,誓与敌人同归于尽。没有防御工事,就依靠一道石墙与几处天然岩石;没有弹药,就用身边的石块砸向敌人。面对敌人的飞机、炮火攻击,马石山的勇士们殊死拼搏、不曾退缩。在最后一刻,已满身伤痕的班长和两名战士拉响了仅剩的一颗手榴弹,与敌人同归于尽。

巍峨马石山,见证了党和军队同人民群众生死与共的英雄气概。勇士们的英雄壮举,诠释了共产党人人民至上的坚定信念。英雄不能言,他们以血肉之躯安天下,护万里河山。岂曰无言,山河为证;何用留名,人心即名。岁月带不走的,我们将永远铭记。百年来,从战火纷飞到盛世安宁,从一贫如洗到国力强盛,无数中华儿女以一腔热血和爱国之情赓续着红色血脉。

从马石山到加勒万河谷,从巍峨高山到细长峡谷,变的是时光,不变的是那份一脉相承的赤子之心与爱国之情。面对外军公然违背共识,越线搭设帐篷的情况,边防团团长祁发宝本着谈判解决问题的诚意,仅带几名官兵,蹚过齐腰深的河水前去交涉。但在交涉过程中,对方却调动大量兵力,企图凭借人多势众迫使我方退让。最终,团长顶在最前面阻挡外军,营长救团长、战士救营长、班长救战士。加勒万河谷的中国战士们上下同欲、生死相依,创造了一场以少胜多、保家卫国的奇迹。那场战斗之后,“宁将鲜血流尽,不失国土一寸”被很多战士自发写在了头盔里、衣服上,“学英雄、当英雄”成为他们共同的信念。

在祖国的西部边陲,来自天南海北的中国英雄,扎进茫茫群山,挺立于冰峰雪谷,守卫和平,用热血和青春筑起巍峨界碑。

哪有什么岁月静好,只不过是有人替我们举起了前行路上的火把,扛起了千斤重担。天地英雄气,千秋尚凛然。我们不会忘记,在风雨如晦的年代,是革命先辈高擎信仰的火炬,义无反顾地踏上为了民族独立、人民解放而奋斗的征途;在民族危亡之际,是他们以铮铮铁骨战强敌、以血肉之躯筑长城,前仆后继赴国难;在党和人民需要的时候,是他们挺身而出、英勇斗争,随时准备为党和人民牺牲一切。

回顾过往,我们热泪盈眶;展望今朝,我们肩负重任。当下,我们虽生活在太平盛世,却未曾忘记那万万千千替我们负重前行的英雄们。铭记,是为了更好地出发。对革命历史最好的致敬,是不断创造新的历史伟业;对英雄烈士最好的纪念,是把先辈们开创的事业不断推向前进。鲁迅先生曾言:

“惟有民魂是值得宝贵的，惟有他发扬起来，中国才有真进步。”[①]念及过往，启至未来。作为新时代的青年，我们乘着时代的东风，更当以积极奋斗的姿态勇担时代使命，在致敬英雄中传承红色基因，在抚今追昔中坚定前行意志。

（文/宋梓宁）

柔情铁血志千秋

尊敬的赵一曼女士：

您好！此时的您大概是在被押往珠河执行死刑的路上……

车子与坑洼的地面不断推搡着，发出“隆隆”的低沉声。窗外的荒野更是死一般的沉寂，车中弥漫着伤口血腥与腐烂的气息。与这昏沉的一切相反，您格外地坚定，没有一丝对死亡的恐惧。我按捺不住对您的敬畏之情，冒昧给您写下这封信。

我来自2023年，知道关于您的所有故事。从看到小学课本上那篇《一个粗瓷大碗》起，我便从心底对您产生了深深的敬意。您舍得把搪瓷缸子送给新战士，舍得把粗瓷大碗送给七班做菜盆，却舍不得吃下一碗高粱饭，而是偷偷地将饭换成半碗野菜粥，只为把最好的留给伤员。高中的我，何其有幸又读到了《赵一曼女士》这篇文章。您是一位略显瘦削且成熟的女性，后人描述您身上散发着拔俗的文人气质和军人的冷峻。在任何地方，都能看出您有别于他人的风度。您说服了董宪勋警士与韩勇义护士，但世事难料，您在前往游击区的路上被敌人追上了。危在旦夕之时，您不忘嘱咐身边的人：“记住我教你们的口供，把一切责任推到我身上。”老虎凳、辣椒水、电刑……这些酷刑又怎能打败您！您坚贞不屈，绝不透露半点秘密。

---

① 《鲁迅全集》第3卷，花城出版社2021年版，第110页。

“血红旗帜,誓不战胜终不放手。畏缩者你滚就滚你的,唯我们决死亦守此。誓把我们的红旗永远高举!我们前进永不间断!牢狱和断头台来就来你的,这就是我们的告别歌。”

面对死神,您无所畏惧、视死如归,将《红旗歌》唱进百姓的心房。

我曾思考:我到底该怎样形容您才最贴切?一名军人、一个女人、一位母亲……

您是它们所有的合集,您是独一无二、不可替代的!

白山黑水红马甲,巾帼定不让须眉。孩提时代,您便与众多的女娃娃不同。那时的女孩子们从四五岁起便要开始缠足,您却气得用刀把鞋子砍坏。母亲生气地扭着您就打,但您坚持拒绝裹脚。您渴求真理,背着家人绕过桢楠树走到后山去看书。您1926年加入中国共产党,随后被党组织保送至黄埔军校武汉分校,成为黄埔历史上招收的唯一一期女学员中的一员。不同于其他柔弱的女娃,您从小便与众不同、独树一帜,成为人们口中的“铁娘子”。

铁血柔情别至亲,落红成泥护他人。为了追求崇高的革命理想,您舍小家为大家,毅然告别至亲。您曾告诉丈夫“夫妻分别事小,求学任务重大”,可自从莫斯科那匆匆一别,夫妻二人就再也不曾见面。考虑到孩子的安全,您忍痛将襁褓中的宁儿送到武汉陈达邦堂兄陈岳云处寄养。分别之际,您抱着宁儿拍下了唯一一张照片。在牢里,您向看守的日本宪兵要来纸笔,写下了给儿子的最后遗言:“我的宁儿,妈妈已经到了牺牲的前夕,你可以自豪地告诉所有人,你的母亲叫赵一曼。”您用自己年轻的生命践行了抗击日寇、保家卫国的铮铮誓言!

“英雄者,国之干;庶民者,国之本。”赵一曼女士,我想代表新时代的青年,向你们这些革命英雄致以最为崇高的敬意。在那跌宕、艰险的血色年代,你们用自己的身躯保护着祖国的大好河山;在今天这和平繁荣的新时代,我们青年要紧握前辈传递的革命火炬。我们新时代青年一定会铭记您的嘱托,为国家的繁荣发展贡献自己的力量,承前启后,继往开来,勇立时代潮头!

(文/王文秀)

尽善尽美尽年华

王尽美先生：

您好！

见字如面，我是山东大学第六期成仿吾英才班的一名学生。先生大义，为民为国。知您所言，晓您所行，我心中汇成了万语千言，想讲与先生听。

与您的初识，是在一年前。中国近现代史课上要拍摄红色视频，而我冥冥之中抽到了您的姓名牌，那是我第一次与您对话。

为了更好地了解您，我开始搜集您的事迹资料，找寻您的所言所行。惊喜发现，我们同为山东人。马克思主义的火苗，在您年少时的心中便已经开始燃烧。您刻苦自学，酷爱进步书刊，关心国家大事，树立了救国救民的志向。

1919 年，五四运动爆发时，您被同学们推选为山东省一师北园分校代表。您积极联络学生建立爱国组织，带领同学参加集会、游行，开展宣传活动。您身穿校服，胸前斜披着"还我河山"的标语。您站在街头慷慨陈词，挥舞着强有力的拳头和手臂，悲愤的情绪和雄辩的口才令在场的人无一不动容。为更好地发动群众，您与县城里的几位教师一起编写易学易记的歌曲《救国五更》《国耻记》《高跷段》《打花棍》，然后一刻不停地跑到诸城城里，到各个学校联系学生，进行演讲宣传。为了救山东，为了救中国，您奋不顾身、勇往直前。

加入北京马克思学说研究会后，您更频繁地往来于北京与济南之间，刻苦攻读所能找到的有关马克思主义的理论文章。我看到了一位坚定的马克思主义理论拥护者，一位脚踏实地的马克思主义践行者。

开天辟地的中共一大，活跃着您的身影。中共一大开幕后的第二天，您代表济南早期党组织汇报了组建的过程，并对目前的形势和任务阐述了自己的观点。尽管年纪尚轻，但您从容不迫，充满朝气。会议期间，您逐一拜访了与会代表，利用一切机会向他们求教，与他们分享对马克思主义的认识。您的虚心好学和对真理的执着，给与会代表留下了深刻的印象。

中国共产党的建立，更加坚定了您为实现共产主义崇高理想而献身革命的信心和决心。为此，您写下了《肇在造化——赠友人》——“贫富阶级见疆场，尽善尽美唯解放。潍水泥沙统入海，乔有麓下看沧桑”，并改名为王尽美，尽善尽美唯解放，尽善尽美尽年华！

罗章龙先生说您“很有抱负，谦虚好学，诚挚亲切”，“生活极其简朴”，“生平行谊，重研究务笃实，宣传与组织均为其所特长”。您的孩子回忆道：“父亲个子高高的，很少回家，回来后也总是往外跑。”“印象最深的是，那时我常常要到村里的学校叫父亲回家吃饭。”“那时，父亲因为在外读书，思想活跃，每次回到家里总要去村小学找老师们说话，一说就是很长时间，常常忘了回家吃饭。”

“希望全体同志好好工作，为无产阶级和全人类的解放，为共产主义的彻底实现而奋斗到底！”王先生，请您放心，您交代的未竟之业，千千万万个共产党人、千千万万个马克思主义者在为之前赴后继地奋斗着。人民的欢声笑语啊，您听到了吗？祖国的大好河山啊，您看到了吗？作为新时代的青年，我会努力精进所学，我会时刻牢记您的教导，为人民，千千万万遍，为中国，千千万万遍！

此致

敬礼！

（文/王艺荣）

烟雨江南觅秋白

秋白先生：

您好！我是您的同乡后辈，一名普通的大学生。

很早之前，我便想给您写这封信了。前年秋天，我只身一人远赴千里，异乡求学。深夜里,我途经天桥,只望见湿漉漉的柏油路,铺着碎了一地的秋雨,倒映出城市斑驳的霓虹灯。看着四下无人的街道,难以名状的孤独感朝我侵袭而来。我知道,我思念常州了。客居他乡,总是要寻找某种精神寄托。于是,我去读了您的《赤都心史》和《饿乡纪程》,渴望从字里行间找寻那种熟悉感。

我对您的初印象,源自少时公交车上反复听到的"下一站,瞿秋白纪念馆"。后来,父辈和师长常跟我说,您是一位伟大的革命家和无产阶级领袖。可是,伟大的革命家和无产阶级领袖就像璀璨的星辰一样,如此遥远,而且耀眼的星辰如此之多,您和群星又有何区别?

十多年来,我带着这些问题无数次踏入您的故居和纪念馆,却始终没有找到答案。

直到高三那年,我读了您的《多余的话》和梁衡先生的《觅渡,觅渡,渡何处》,并在一个江南烟雨纷飞的日子里重新踏入您的故居,走进您那并不宽敞却十分明亮的书斋,我好像突然撞见了一个伟大的灵魂。

有人说,您是江南深巷里的一株幽兰。青果巷里是悠长而又寂寥的石板路,石板路上布满了青苔,而您就是巷子转角处、石板间、青苔旁一株悄然绽放的幽兰。您散发着淡淡的芳香,就像您的文字一样,淡雅、平实。

兰花向来是文人君子的美誉,就连您自己也谦称"半吊子的文人"。可是,我从不觉得您是文人,而是书生。文人常有羸弱的病症,而书生看似怯懦,实则有一种挥斥方遒的意气与不服输的倔强,也能以笔为戈,化身铁骨铮铮的战士,为正义疾呼,为大道奔走。他们肩膀瘦弱,却有扛起家国的万钧之力。

我至今仍记得,那次在纪念馆里偶然看见您翻译的《为了人类》时的无比震惊。看着赫然在列的四个大字,我的心情久久不能平复。我知道,这是一种发自内心的无比尊敬、无比赞叹。这本书的出版社是挣扎社,是啊,本无可挣扎,又何必挣扎?为了人类。

读了中文系以后,我开始无比敬爱鲁迅先生,有缘分的是,您与鲁迅先生也是至交。您曾携眷去鲁迅先生家中与他告别,他为您让出自己的床铺,以示敬意。秋白下树人之榻,每每念及此,我都会遥想那个浪漫的雪夜,绿蚁新醅,红炉泥火,分别的淡淡感伤在天晚欲雪的等候中弥散,那也是您与鲁迅的惺惺相惜之意。

还有一幅画面,自我见过以后便再也挥之不去,那便是您受刑前的照片。您上身穿着黑色中式对襟衫,下身穿着白布短裤、黑袜黑布鞋,背着双手,昂首挺立,泰然自若,面带微笑。微笑里,有对敌军的不屑与讽刺,也有对信仰的坚定与执着。何其英武,何其壮哉!

我曾多次探访您旧居旁那条觅渡河,河水缓缓流淌。您从这里出发,为迷惘的时代找寻渡口。几千年前,也有一位先哲为他那个时代寻觅津渡,那便是孔子。孔子问津,桀溺说:"滔滔者天下皆是也,而谁以易之?"你们二人,终其一生都在躬身寻觅。我想,这份坚守源自对人类道德和人间正义的追求和坚持。

现代文学课上,老师曾感慨:"瞿秋白应该一心一意做一个文人,不应该从政。"可是,如果您真选择了文人这条路,或许文学史上也会留有您灿烂的一笔,但您便不是我们今时今日深深怀念的那个瞿秋白了。

如今,人们久久地纪念您,五十年、一百年、两百年……无穷无尽。您所期待的繁华盛世已然来临,我作为一名中文系的学生,也能无比骄傲地告诉您,您所盼望的普罗大众文艺也在一点一点地变为现实。如果您能亲眼见到现在,那该多好……

我常常在想,常州何其有幸,抱紧了一个如此坚强伟大的灵魂。我又是何其有幸,学于斯,长于斯,得与如此伟大的灵魂对话,受其教诲。

千言万语,化作一句话:

秋白不朽!

(文/徐荣先)

笔尖落下英雄花

尊敬的罗广斌先生：

展信佳！这是一封穿越时空的信件，我在公元 2023 年向您送上最真挚的问候。您的作品《红岩》，是伴随几代人成长的记忆，也在我心里留下了不可磨灭的印记。正是在您的影响下，我选择了汉语言文学专业。我希望能和您一样，以笔为戟，让英雄的故事在书里永生，在人们心中永存！

您的选择，写满了英雄的故事。

您出生在一个优渥的家庭，本可以过着无忧的日子。但年少的您向往自由，在西南联大附中时期就积极参加各种进步活动，与许多革命青年结下了深厚的友谊。您青年立志，选择投身于共产主义事业，选择了一条危险但充满希望的道路。正是因为有千千万万像您一样的先辈，抛头颅洒热血，才有了如今的新中国，才得以让我们生长在和平的环境里。请您相信，温室里长大的我们，绝不是娇嫩的鲜花，我们是向阳而生的乔木，是傲霜怒放的红梅。我们或许不需要面对枪林弹雨的战场，但我们也都是"战士"，都会担负起时代的责任和使命，为祖国的事业发展而冲锋向前。青年应该有青年的担当，要为了祖国和人民奋斗终生，这是您用实际行动教会我的道理。

加入共产党后，您转入地下工作，在看不见硝烟的战场继续斗争。有许多和您一样的革命先辈，深入龙潭虎穴，与敌人斗智斗勇，为前线战场提供了重要的情报。您的很多经历或许不为人所知，但您的伟大毋庸置疑。您是一朵在祖国花园里绽放的英雄花，人们路过时，或许叫不出您的名字，但一定会闻到芬芳馥郁的花香。

您的作品，写尽了信仰的力量。

您不仅是一名优秀的共产党员，也是一位优秀的红色作家。您的作品《红岩》，塑造了鲜活的英雄群像——坚韧不拔的江姐、威武不屈的许云峰……他们虽身处地狱般的囚笼，心灵却如风儿一般自由，意志如钢铁一般坚定。每每想到这是您的亲身经历,我的心都会为之颤动。您历经千难万险死里逃生,而那些倒在黎明前夜的英雄们,会在您的笔下、在烈火中永生!笔如刀斧,字字泣血!您写出了他们高尚的灵魂,写尽了信仰的力量。

在那个战争年代,信仰是战士们面对敌人时最坚硬的盔甲。如今,信仰也是推动民族发展的精神力量。年轻的一代并没有辜负您的期望,新时代的共产党员永远冲在群众前面,冲在最危险的地方,用实际行动传承信仰。树立信仰不易,坚守信仰更难。您的故事给我树立了榜样,让我懂得了真正的共产党人、真正的马克思主义者是永远不会动摇的。那些人物是您笔下绽放的英雄花,他们没等来的日出,正冉冉升起在新中国的每一个黎明。请您放心,新时代的我们会谱写新的荣光,这是我们对你们最好的缅怀。

您的一生,写出了青年的榜样。

年轻时候的您,投身抗战和解放事业;新中国成立后,您为文化建设做出巨大贡献。生命不息、奋斗不止,这是最令我敬佩的地方。我常常自问,自己要如何报效祖国、服务人民?您的一生,就是一份满分答卷。作为一名革命战士,您面对家人的劝说和敌人的威胁,誓死不写悔过书;作为同志的战友,您将他们的故事写成回忆录和小说,在历史的长河里留下他们的名字;作为一名作者,您翻阅大量真实历史资料,全面呈现革命历史,创作出了《红岩》这部著作。

如今的我,正沿着您的足迹继续前进,致力于成为一名新时代的文科人才。国家的文化建设任重而道远,增强国民文化自信还需要青年一代赓续努力。传承红色经典、讲好红色故事,我们责无旁贷。如今,越来越多的年轻人愿意了解红色经典,接受红色文化的洗礼。您以前被关押的渣滓洞、白公馆,也被开辟成了革命教育纪念基地。人们在那里感悟"红岩精神",缅怀革命先烈。黑暗的日子已经过去,红色的星星之火早已燎原!

我想,我会为江姐和她的战友们献一束花,献一束永远不败的英雄花!我要大声地告诉他们,我要大声地告诉您,且看如今中国盛世之景象!那一朵朵英雄之花,满载着幸福与欢乐,开遍了神州大地的每一个角落,开在每一位中国人的心中!

永远敬爱您的后辈

(文/程佩璇)

蒙山沂水那片红

在伟大的革命历程中，有这样一些人，他们没有冲锋在枪林弹雨的前线，却也在革命的战场上倾尽自己的全部力量，为革命筑起一道坚不可摧的长城。

巍巍蒙山翠，滔滔沂水长。我要介绍的英雄人物，就是来自我的故里——沂蒙山革命根据地的红嫂们。她们用自己的双手、单薄的身躯以及那颗赤诚的红心，为革命筑起一道坚不可摧的长城。

最早了解到红嫂的故事，是在我刚进入小学的时候。我的母校是一所红军小学，非常重视对学生的红色教育。在一年级的课堂上，我从老师那里了解到了红嫂的故事，后来我也有机会参与到了学校的活动，身穿小红军战士服来到红嫂纪念馆参观游览。尽管当时懵懂无知的我对红嫂精神的内涵还没有非常明确的认知，但是这个动人心弦的故事却在我的心里留下了不可磨灭的印迹。

红嫂的故事，最早始于1941年，那是抗日战争最激烈的时期。红嫂，最早是指沂南县马牧池乡平凡的哑大娘明德英。1941年秋冬时节，日伪军大肆"扫荡"沂蒙山区，包围了驻沂南马牧池的八路军山东纵队司令部。11月4日，一名八路军小战士在冲出敌人包围圈时身负重伤，一路踉跄着穿过坟冢与树林，正巧遇到明德英。明德英见状，急忙将浑身是血的小战士掩藏起来。不多会儿，两名荷枪实弹的日本兵追过来。日本兵发现明德英是个哑巴，就比画着小战士的身高、打扮，追问下落，明德英见状毫不犹豫地向村外西山一指。见他们越走越远，明德英才仔细打量这名八路军小战士。她发现由于失血过多，小战士已陷入昏迷。尚处在哺乳期的明德英慨然解开衣襟，将一滴滴乳汁挤出滴进小战士的嘴中。小战士得救后，明德英与丈夫又杀了家中仅有的两只鸡，炖成鸡汤，一口口喂给他。明德英还每天为小战士清洗感染流脓的创口。半个月后，小战士伤愈，重新归队。1943年初，八路军山东纵队13岁的看护员庄新民,与战友们在反“扫荡”作战中,一边救护伤员,一边掩护伤病员突围转移。为减少伤亡,上级决定让年纪较小的八路军战士换上百姓装束。就在夜间转移途中,庄新民走散掉队,与众多避难的群众一同被日寇抓住。在这群百姓中,就有明德英的丈夫李开田。李开田见庄新民年纪不大、周身有伤,就与他以父子相称,平时对他照顾有加。两人被日寇裹挟着做了约一个月的苦力后,在山东泰安被释放回乡。在长途跋涉中,虚弱的庄新民伤口化脓、高烧不退,李开田就背着他蹚河过坎、翻山越岭,回到家中。明德英见丈夫背回一个陌生人,毫无怨言。夫妇二人为避免敌人发觉,先后将庄新民藏在自家茅屋、附近岩洞、村外沟壑中。在二人的悉心照料下,庄新民被渐渐从生死线上拉了回来。养好伤后,庄新民重新找到了部队。

随着革命进程的不断向前推进,红嫂也从对明德英一个人的美称变成了对一个群体的美称。这个群体,正是像明德英一般的平凡而伟大的妇女。她们将自己的丈夫、兄弟、孩子送上革命的前线;她们用自己单薄瘦弱的肩膀扛起自家的门板,在水流湍急的河里为解放军战士搭起一座“人桥”;她们用自己勤劳的双手,为前线的革命战士纳出一双又一双针脚细密的鞋垫,烙出一张又一张煎饼;她们牢牢守住革命的后方,为革命的胜利贡献了最坚实的一份力量。

几十年来,红嫂的故事与精神一直在沂蒙山区的人民之间传颂着。她们作为广大人民群众的代表,始终以一颗赤诚之心为革命倾尽自己的力量,为革命的胜利做出了不可磨灭的贡献。在新时代,红嫂依旧是我们奋斗的精神标杆。2022年暑假期间,我又一次参观了红嫂纪念馆。重温红嫂故事,内心依旧会受到强大的震撼。如今,我也对红嫂精神的内涵有了更深刻的认识和理解。红嫂精神,是平凡成就伟大的典范;红嫂是革命战争期间的平凡百姓,但她们坚韧不拔、甘于付出与奉献、一心向党和国家的精神品质,铸就了她们伟大的灵魂。红嫂精神,也正是长久蕴藏于沂蒙百姓心中的蒙山沂水那片红。

(文/李权乘)

最可爱的人

"雄赳赳，气昂昂，跨过鸭绿江！保和平，卫祖国，就是保家乡！中国好儿女，齐心团结紧！抗美援朝，打败美国野心狼！"这首中国人民耳熟能详的歌曲正是中国人民志愿军军歌。如今七十多年过去，再次翻开这厚重的历史书，再次回看抗美援朝中那些最可爱的人，仍旧心潮澎湃，依然热血沸腾。

1950年6月25日，朝鲜战争爆发。10月19日，中国人民志愿军跨过鸭绿江，入朝参战，伟大的抗美援朝战争开始了。

以美帝国主义为首的侵略者以为他们可以在朝鲜横行霸道，以为中国人民将被飞机大炮航母的进攻所吓倒，以为中国仍是那个贫穷与落后的国家。帝国主义侵略者不但不尊重中国人民和平解决朝鲜问题的主张，反而命令侵略军向中国东北的边境进攻，这直接威胁到了我国边境的和平，东北危在旦夕。我们抗美援朝，就是保家卫国。

中国人民志愿军在朝鲜的英勇奋斗向全世界展示了中国人民捍卫新中国胜利果实的坚定决心和意志。邱少云烈士为了不暴露位置，为了战友们不被发现，强忍烈火焚烧的痛苦，直至生命的最后一刻。黄继光烈士为了完成任务，减少战友的伤亡，用自己的胸膛堵住敌人的枪口。

这些最可爱的人，用自己的生命捍卫中华民族的脊梁，用自己的生命保卫身后的人民，用自己的生命换来中华人民共和国的和平与发展！一位叫宋阿毛的志愿军烈士生前曾写下这样的绝笔信："我爱亲人和祖国，更爱我的荣誉！我是一名光荣的志愿军战士！冰雪啊，我绝不屈服于你！哪怕是冻死，我也要高傲地耸立在我的阵地上！"他是牺牲在长津湖战场上"冰雕连"中的一员。他们在风雪中坚守阵地，阻击敌军六天六夜；他们以战斗姿势冻死在战壕里，枪口仍对着敌人；他们是伟大的中国人民志愿军战士，是最可爱的人！

这组敌军见了也肃然起敬的冰雕群像,是用血肉之躯筑起的钢铁长城,是坚毅与顽强凝聚起的强大中国力量,是中华民族之魂!从来没有天生的英雄,谁的生命都只有一次。而他们不畏严寒饥饿,不畏美帝国主义的飞机大炮,不畏牺牲,用鲜血和生命践行自己对祖国和人民的无限忠诚,用笔直的脊梁撑起共和国,也撑起我们今天的和平与安宁。他们就是我们心中最可爱的人!

抗美援朝让全世界重新认识了新中国。经过两年9个月的英勇奋战,抗美援朝取得了伟大胜利,打破了“美帝国主义不可战胜”的神话。抗美援朝的胜利捍卫了新中国的国防安全,为新中国的建设与发展提供了保障。中国人已不再像过去那样任人欺凌。中国人热爱和平,但绝不能容忍别人欺凌和侵略。新中国在诞生之初,就使美国在停战协定上签了字,将军事分界线重新推回到了“三八线”,举世震惊。抗美援朝的胜利,极大地增强了中华民族的自信心和自豪感,对世界局势产生了巨大而深远的影响。

中国之所以能够在今天昂首挺立,正是因为在70多年前中国人民志愿军在“三八线”上巍然屹立!我们现在的生活很美好,可以吐槽学习、欣赏影视、品尝美食,但我们永远不敢忘记,不应忘记,更不能忘记,那70多年前在异国土地上抛头颅洒热血的伟大先辈们,那70多年前长眠在朝鲜半岛的志愿军战士们!

作为新时代的青年,我们要继承和发扬抗美援朝精神,为实现中华民族伟大复兴贡献青春力量。今天的幸福生活,是无数英雄、志士抛头颅洒热血换来的。我们要厚植爱国主义精神,自觉担负起时代赋予的责任和使命,锐意进取、自强不息、艰苦奋斗,把爱国之志变成报国之行,把振兴中华的伟大事业不断向前推进,就要像当年志愿军战士们那样,不畏困难,砥砺前行!

(文/张忠炜)

平凡铸就伟大

曾经，从战火纷飞间，我瞥见这样一封家书：

> 宁儿，我的好儿子，你最近学习可好？爸爸我在前线为你担忧着，你要记住邹家的祖训——勤奋读书，学有成就，做事要立志向上，竞争优胜。爸爸我是一个军人，战场就在眼前，如果我不幸以身殉战，那是我作为军人的神圣天职。宁儿，我的好儿子，你要记住爸爸的话，国家兴亡，匹夫有责。宁儿，作为中华的热血男儿，一定要担当起报效国家的大任。牵挂着你的爷爷、奶奶和全家人，盼望着早日与你们团聚在一起。

它出自一位名叫邹绍孟的烈士之手。将这封跨越历史长河的红色家书细细读来，心里涌起久久不散的酸涩与感动。邹邵孟，一个值得每一位中国人记住的名字。家书中的民族大义、爱国情怀，在字里行间流露着，和着无数复杂的情感，像星星般闪烁，如宝石般璀璨。这封家书不长，但其中的精神、情怀却历久弥新，延续千年百年。

"如果我不幸以身殉战，那是我作为军人的神圣天职。"在不算长的家书中，邹邵孟烈士将自己的命运如蜻蜓点水般略过，没有过多叙述，亦没有丝毫犹豫与踟蹰。我想，他不是不留恋生命，而只是将使命深深地刻在了骨子里、烙在了心灵里。他挺胸冲向烽火，是为了将生命之火传给下一代，将希望留给子孙。

短短数行，我含着泪读了又读，内心久久不能平静。这是一位英雄烈士给至亲最后的交代，温情、理想、希冀、担忧、坚忍、渴望……种种人性之光穿越战火的硝烟与尘埃交汇在一起，凝聚起爱与希望的力量，折射着铁骨铮铮的英雄气节。鲁迅曾经说过："我们从古以来，就有埋头苦干的人，有拼命硬干的人，有为民请命的人，有舍身求法的人……虽是等于为帝王将相作家谱的所谓‘正史’,也往往掩不住他们的光耀,这就是中国的脊梁。”[①]烈士邹邵孟是千千万万英雄烈士的缩影,更是无数人民中的代表。从他身上,我看到了平凡铸就伟大,看到了英雄来自人民,看到了奉献的最高价值。没有软弱和犹疑,没有退缩和怨尤,只是怀揣着一颗赤子丹心,怀揣着静谧而伟大的勇气。这就是中国人的脊梁,这就是人民的英雄。

“为天地立心,为生民立命,为往圣继绝学,为万世开太平。”[②]张载的一句话道出了邹邵孟这封家书的主旨。“谨而信,泛爱众”的仁心诠释了邹邵孟这封家书的精神内核。跨越千年,中华民族的精神在世世代代地传承着,在每一个中华儿女的心里,点燃“英雄”“气节”的火把。带着英雄的火种走过漫漫长夜,越过战友的遗骸,穿过荆棘与深渊,跨过战火与尘埃,中华民族点燃了复兴振兴的火炬。

我们在革命、建设和改革的各个历史时期所取得的种种伟大成就,都离不开千千万万在平凡岗位上不懈奋斗的人。抗疫三年,平凡孕育出了多少伟大,涌现出了多少平凡又伟大的人!医护人员逆流而上,他们是最美的“逆行者”;跑腿小哥坚持在抗疫第一线,以生命健康为赌注服务于更多的人;许多个体经营者将物资无偿捐献给抗疫第一线……他们都是人民的英雄,虽平凡但闪烁着光芒,并铸就了伟大。

祖国的事业需要众志成城之力,社会的发展需要尽忠职守的“螺丝钉”。我们每个人都要怀揣着赤子之心,兢兢业业、坚守岗位,用心用力做好自己的本职工作。也许我们的工作微不足道,也许我们的成绩不尽如人意,也许我们的人生平凡普通,但我相信,涓涓细流终成大海,我们的平凡终将成就伟大。只要有高远的理想和不懈的努力,只要坚持和坚守,就能在平凡中创造不平凡,在普通中写就伟大。

(文/解颖)

① 《鲁迅全集》第6卷,人民文学出版社2005年版,第122页。
② 《宋元学案·横渠学案》。

天地英雄气，千秋尚凛然

一个有希望的民族不能没有英雄，一个有前途的国家不能没有先锋。在历史的天空中，英雄烈士灿若群星，是中华民族闪亮的精神坐标。每当中华民族处于生死存亡的危急关头，总会有无数中华儿女挺身赴难，用鲜血捍卫正义，用生命换取和平。万千忠骨，万千热血，他们以炽热的信仰信念、炽烈的家国情怀，书写出了可歌可泣的壮丽篇章。崇敬英雄、学习英雄，无疑是最响亮的主旋律。故土已无恙，使命应犹在。学习历史，传承红色基因，补足精神之钙，才能更好地前行。不忘初心，方得始终；信念永恒，才能继往开来。我的身边就有这么一位英雄，那就是我的老爷爷——王德明，抗美援朝一级战斗英雄。

关于老爷爷，我的印象不是很深刻，因为在我小的时候老爷爷就去世了，不过我一直知道老爷爷是一名光荣的退伍军人，长大后我也通过父母以及网络等进一步了解了我的老爷爷。回看历史，在一场场革命战役中，无数中华儿女怀着一腔爱国志勇赴战场，有人挥舞大刀，有人侦察情报；有 12 岁从军的小战士，也有立志杀敌报国的学生兵。在硝烟弥漫的战场、祖国建设的热土、保家卫国的一线，他们视死如归，用大义凛然的行动表达着对祖国的爱。

老爷爷 23 岁时参加中国人民解放军，先后参加过淮海战役、渡江战役、上海战役等一系列战役。在艰苦的抗美援朝第二次战役中，老爷爷所在营的伤亡率高达 60%，整个营只剩下老爷爷手中的一副担架，而且老爷爷的脚已严重冻伤，他拖着身体，在炮火中穿梭，坚持转运伤员 29 名，运送弹药 34 箱。在抗美援朝第四次战役初期，老爷爷所在的营负责在一高地阻击敌人。老爷爷顶着敌人猛烈的炮火攻击，往返于刺骨的汉滩江水，不断地往阵地上运送弹药，并下阵地抬运伤员。4 天时间里，他在冰冷的汉滩江水中蹚过 18 次，没有出过一次事故。特别是在连队干部相继负伤后，他挺身而出带领战友打退敌人3次冲锋，守住了阵地，被誉为“抬担架的指挥官”。老爷爷一人便杀死杀伤了敌人30余人。老爷爷时常说要抱着“上级叫干啥就干啥，人民需要什么就干什么”的信念把工作做好。从朝鲜战场回来后，老爷爷所在的部队驻扎烟台，老爷爷也被提拔为排长。虽然部队领导一度想让老爷爷到营里担任参谋，但由于参战落下了很多后遗症，为了不给组织添麻烦，老爷爷最终选择了返乡务农。

老爷爷的事迹还有很多，新中国成立史上，还有无数个“老爷爷”，他们用自己的青春为后人铺路，用生命为我们挣得和平的生活。作为英雄先烈的后人，我也时刻铭记责任与使命。先辈们的浓浓爱国情与拳拳报国心深刻诠释了中华民族的家国情，作为新时代的中华儿女，我们要涵养爱国之情，像英雄模范那样坚守、那般奋斗；我们要继承先辈遗志，永远崇尚英雄、捍卫英雄，激扬英雄精神，树立家国情怀，主动承担起时代赋予我们的历史使命，以更加努力的姿态来实现无数先贤英烈振兴中华的未竟的夙愿。现在，新征程已经启航，我们迈出的每一步、攀登的每一个高度，都需要将英雄的信念化为自身精神之钙，强心壮体、勇往向前。我们要聚焦当下，刻苦学习，用自己的实际行动为社会发展出一份力，用青春书写出新时代的满意答卷，让青春在为祖国、为人民、为人类的不懈奋斗中绽放绚丽之花！

（文/王柯颖）

第二话|国之复兴路，吾辈当自强

这盛世，如您所愿

敬爱的周恩来总理：

您好！

我是山东大学外国语学院的一名本科生。从我小时候起，您就是我的“偶像”，我感恩您的奉献，敬佩您的气节，钦慕您的风度，叹服您的才华。现在已经是2023年了，在您离开的47年后，海棠花还是年复一年地开着，我们还是一样地怀念您。

我从小就梦想成为一名外交工作者，作为一名学习语言的学生，我也正在为成为一名外交工作者而努力。我最崇拜的是您作为外交家的卓越风采。您作为中国当代外交之父，曾经为了祖国的外交事业鞠躬尽瘁，为新中国的外交奠定了坚实的基础，并大大推进了我们的外交事业，使中国在海内外广交善友。还记得，您在日内瓦会议上展开的一场没有硝烟的激战，真是称得上现代版的“舌战群儒”。还记得，您在万隆会议上临场起草的发言稿，“中国代表团是来求团结的而不是来吵架的”，“中国代表团是来求同而不是来立异的”①，一下子扭转了会场的紧张气氛。万隆会议十项原则也成为当时规范国际关系的重要准则，万隆精神成为普遍共识，在当今的世界格局中依然焕发着勃勃生机。当然，最为人称道的还是您在面对刁难时的妙语连珠，无论是将“马路”解释为“马克思主义道路”，还是面对美国记者的“钢笔事件”，更不用说对“18元8角8分”的阐释，这等敏捷的临场反应和高超的

① 《周恩来选集》下卷，人民出版社1984年版，第153页。

幽默感,字字句句无不让人拍案叫绝。从您那个时代起,不论是形势有利还是环境险恶,我们的外交总是透露着一种底气和骨气。现在,我们的国家富起来了、强起来了,综合国力不断提高,外交工作者骨气依旧,底气更足。

年少时,您曾写下“为中华之崛起而读书”的豪言;临别好友时,您留下“愿相会于中华腾飞世界时”的赠语。今年是 2023 年,今天(2023 年 3 月 5 日)是您 125 岁诞辰。时光飞逝,2021 年,我们庆祝中国共产党成立 100 周年;2022 年 10 月,我们召开了党的二十大。现在正是“中华腾飞世界时”,我们精准扶贫、尽锐出战,打赢了人类历史上规模最大的脱贫攻坚战,全国 832 个贫困县全部摘帽,近一亿农村贫困人口实现脱贫,960 多万贫困人口实现易地搬迁,历史性地解决了绝对贫困问题。您最关心的民生问题得到了解决,老百姓都过上了好日子。现在,飞机再也不用飞两遍,我们的阅兵式气吞山河、雄伟壮观,我们的战士目光炯炯、步伐铿锵。您在参加人民海军第一次海上阅兵时,曾提出希望建立一支更加强大的海军,真希望您也能亲自视察参观一下辽宁舰、山东舰和福建舰。我想,现在的盛世中国就是送给您的最好的生日礼物。

在加入巴黎共产主义小组成为一名坚定的共产主义者后,您曾说过:“我认的主义一定是不变了,并且很坚决地要为他宣传奔走。”[①]我现在也正在山东大学成仿吾英才班学习马克思主义理论知识,为成为一名政治坚定、素质全面、具有卓越领导力和高度社会责任感的青年马克思主义者而奋斗。在这里我所学到的不仅是理论知识,更是“纸上得来终觉浅,绝知此事要躬行”的实践精神。您一生信仰坚定、鞠躬尽瘁、严于律己、勤俭节约,希望我将来也能够像您一样,成为一名纵横捭阖的外交工作者,为祖国的外交事业贡献我的一份青春力量。在今后的日子里,我定会发奋学习,勇立时代潮头,以奋斗姿态激扬青春,为实现中华民族伟大复兴的中国梦挥洒青春热血。

此致

敬礼!

(文/张竞丹)

---

① 南开大学历史系、天津历史博物馆编:《五四前后周恩来同志诗文选》,天津人民出版社 1979 年版,第 387 页。

昌荣盛世，言敬与您

犹记得两年前坐在影院里
《长津湖》带给我的感动和震撼
原来伍千里的原型就是您
和我长在一片土地的战斗英雄李昌言
苦难的生活让您得到磨炼
很早就不畏艰险挑起家国重担

8 岁，我在碧蓝海岸抚摸浪花
您已在战火的硝烟与动荡中学会了坚强
16 岁，我衣食无忧却多愁善感
您已经参加八路军成为最勇敢的少年
18 岁，我在安静的教室里备战高考
您已久经考验成为优秀的共产党员
22 岁，我在美丽的校园享受大学生活
您已经战功赫赫，带领整个尖刀连

1950 年那个不寻常的秋天
祖国一声令下
您义无反顾带领部队跨过鸭绿江进入朝鲜
吃的只有硬如岩石的冻土豆
穿的只有单衣薄衫
−40 ℃急行几十里
艰苦卓绝远胜于电影场面

祖国的利益高于一切
冰天雪地,您和战友靠意志挺过严寒
仅靠着步枪和手榴弹
将美军最强悍的北极熊兵团整建制全歼
从此我军扭转劣势掌握了战场主动权
一仗打出了新中国的底气和尊严

您战功卓越立功受奖
所带部队也被授予战斗模范连
但您深藏功名、无私奉献
低调做人、不提条件
直到离开,最想做的事就是去老连队再看一看

李昌言爷爷,请您放心
如今的国家
独立自主,和平强盛
如今的人民
温饱无忧,安居乐业
如今的青年
斗志昂扬,振翅翱翔

李昌言爷爷,请您放心
我们将护您所梦的团圆
守您所愿的永远
走您跋涉的征途
见您未见的世界
您永远在我们身边

李昌言爷爷,请您放心
我们一定完成您的心愿

铭记今天的幸福生活来之不易
努力学习，奋发图强
拼尽全力守护这山河无恙
国泰民安

（文/刘一玮）

我们记得，他们就活着

逶迤八百里沂蒙，巍巍七十二崮。我怀着肃穆崇敬的心情，奔赴金雀山下、沂水西畔的华东革命烈士陵园。

盛世如您所愿，历史从未忘怀。"风萧萧兮易水寒，壮士一去兮不复还。"凝视着烈士的陵墓，我的内心久久难以平复。默念着一个个的名字、聆听着一则则的故事，凝望着一张张的照片，我泪流满面。无论是在抗日战争中一往无前、捍卫祖国的战斗英雄，还是在解放战争中不畏牺牲、顽强拼搏的英雄烈士，抑或抗美援朝中英勇杀敌的"最可爱的人"，每一位为国流血的英雄都不曾被忘记，我们一直都记得。

历史定格，英雄长眠。他们是为了新中国而牺牲的，是为了中华民族的新生活而牺牲的。他们用生命和鲜血谱写了一首首英勇壮歌，他们的英勇无畏、爱国奉献是我们不能舍弃的精神财富。山东省临沂市常山庄村的沂蒙红嫂纪念馆，记录着沂蒙红嫂的故事——一个个感人故事的背后，是她们用生命写就的军民鱼水赞歌。70 多年前，烙煎饼、做军鞋，带领乡亲们全力支前的"沂蒙六姐妹"让人动容。70 多年过去了，在脱贫攻坚战的最前线，涌现了新时代的"沂蒙扶贫六姐妹"，她们带领乡亲们脱贫致富的故事又传颂在这片土地上：经营进出口服装企业的曹淑云，将扶贫车间开进了山区，让近 300 名留守妇女学到了技能赚了钱；从养猪农民变身"电商达人"的牛庆花，成立果品合作社，让周边十几个村的水果卖上了好价钱；"90 后"王洋，研究生毕业后报名到临沭县朱村做大学生村官,一心忙扶贫,把原定的婚期推迟了两年……“十三五”期间,1000多万沂蒙儿女充分发扬沂蒙精神,艰苦创业、无私奉献,在生态保护、乡村振兴、经济发展等层面亮点频出,向党和国家交出了一份具有新时代特色的沂蒙答卷。

沂蒙精神是全国人民的宝贵精神财富,激励着八百里蒙山沂水儿女继承优良传统,传承红色基因,干出一番新天地!

苍松翠柏,鲜花含情。看着烈士墓前摆满的人们敬献的鲜花,我满是感动,更是欣慰。如今,盛世繁华、山河无恙、人民幸福,你们能否看见?中华儿女将你们铭记于心、时时怀念,将你们的故事代代传颂,将你们的精神代代传承,你们可否知道?我们希望你们能看见,能知道!我们知道你们一直都在,在我们的心里,在我们的记忆里。

历史是最好的教科书,不忘历史才能开辟未来。铭记英烈之名,重温革命历史,继承志士精神,为的是以史为鉴,继往开来。

我们有幸生活在和平年代,或许我们不再需要时刻准备牺牲,准备奉献自己的生命,但我们需要明白一代人有一代人的长征,一代人有一代人的使命。新时代的大门已经打开,新征程的道路已经开辟。跨越复兴路上的“雪山”“草地”,攻克前进道路上的“娄山关”“腊子口”,需要我们每一个人像英雄那样奋斗,像英雄那样坚守!

(文/季宏甜)

看岁月峥嵘,立橘子洲头

当我仰望遥远的你,看到橘子洲头的灯光照亮了夜空,你注视着霓虹灯下的繁华;当我眺望湘江,看到你伫立橘子洲头,守护车水马龙国泰民安。恰同学少年,风华正茂,时空平行,同一片江水见证两个时代。这里就是长沙,湖南岳麓山下,橘子洲头,湖南第一师范边。那是在我二八年华听过的最动心的励志故事,他走过的每一个桥、经过的每一寸路都刻骨铭心。

从韶山到长沙,是离开故土和富农盘算的生活,是青年毛泽东摆脱旧社会禁锢,一路北上求学之路。回首往昔,闹市新华书店依旧朴素地坐落在老街,书香不怕巷子深,车水马龙不改书卷墨色;岳麓山下,青石板深,新明学会的旧址,门前古树镌刻着那段门槛板凳边青年畅谈激辩的岁月,那是百年前的畅谈激辩。

就在这里,湖南第一师范已经迁址,但是一排一排的年历牌展现着每一段刻骨铭心的光辉岁月以及每一次思想“进化”;湘江依旧磅礴东流,浪拍激流的情景已经被波澜壮阔的航帆替代,橘子洲大桥未曾歇息,繁华依旧。我会在周末休息时到湘江骑行,在灿阳千里一片祥和中对比当年的水深火热,我们如今的一切都是那些英雄战士的血汗成果。城市高铁、沿江绿道、芳草绿洲,何尝不是致敬这些战士?夏风轻拂江面,我坐在江滩放眼彼岸的大厦连群,灯光交汇。这座城市一如既往,从未缺少青年的拼搏奋斗,从未缺少青年的创新建设,从未缺少青年的意气风发。

或许,你可以在某个深秋去爬岳麓山。湖南大学坐落的山脚依旧传唱着湖湘学子敢为人先的佳话,岳麓书院的百年传承是知识的伟岸,是才子书生为救世而耕耘不弃的精神传承。爱晚亭的枫叶落下,轻扫过草书撰写的词句,迎面依旧是看尽江山激励人心的鼓舞。当墨池流淌数百年的时候,留下了肃然起敬的学术气息,它在这里又何尝不是养育了带领我们走向新征程的英雄?我们也有足够的信心相信,这数百年的书院依旧会见证下一批青年的精彩。曲径通幽处的革命烈士墓,在成荫的山中眺望这座城市的快速发展。英雄不曾离去,精神永存。今人未曾徘徊,远方就是星辰大海。

他留了一首词给这个小洲。

独立寒秋,湘江北去,橘子洲头。看万山红遍,层林尽染;漫江碧透,百舸争流。鹰击长空,鱼翔浅底,万类霜天竞自由。怅寥廓,问苍茫大地,谁主沉浮?

携来百侣曾游。忆往昔峥嵘岁月稠。恰同学少年,风华正茂;书生意气,挥斥方遒。指点江山,激扬文字,粪土当年万户侯。曾记否,到中流击水,浪遏飞舟?

现在,这个小洲已经成为城市明星——橘子洲,这里的红色学习基地吸引着世界各地的人。橘子洲头,他的百米雕塑伫立,就像百年前他站在橘子洲头凝视一样,坚毅中是对未来的自信。

作为一名大学生,我深刻地感受到时代太庞大,个人太渺小,以至于对自己如何实现理想和抱负深深不解。我明白,这不仅是我个人面临的困境,也是现在绝大部分大学生所面临的困境。可喜的是,我找到了解决问题的方法,那就是向您学习,向历史上那些英雄学习。要知道,他们比我年长不了多少,可面临的时代难题却比我面临的更加庞大。所以,他们的做法一定是有启发性的,向他们学习应该成为我奋斗路上的不二法门。他们留下的精神如同璀璨的星河,不断绽放出绚丽的光彩。

(文/刘佑翔)

致敬英雄丹心,赓续红色血脉

仰首望,五星红旗随风飘扬,那是一抹怎样的壮丽?

俯首瞰,华夏大地百花齐放,那是一片怎样的绚烂?

遥远的东方,中华民族——一条沉睡的巨龙已然苏醒,腾四海,跃九州。

东方巨龙携红色一路向前。它的身后,有红色的旗帜,有红色的火炬,有红色的灯光,有红色的血脉。它走过的,是先辈的奋斗之路,更是祖国的复兴之路。

我怀着一颗赤诚滚烫的心,沿着这条绵延不绝的路,像踏上一条时空隧道,从过去通往现在与未来。

南昌街头,武装反抗国民党反动派的第一枪毅然响起,两万把利剑冲入敌营,火光冲天。一名战士倒下,便有十名将士毅然冲向前方。心怀同反动派斗争到底的决心和让劳苦大众过上美好生活的愿景,他们越过同伴的身躯,高举旗帜,一步步将红旗插在楼顶,如蛟龙出海,中国共产党人民军队登上舞台。

井冈山上，枝叶沙沙，崇山峻岭气势磅礴，军队养精蓄锐，利用地势布下防线；绿竹簇拥，古树参天，四面御敌，红军与敌人斗智斗勇，浴血奋战。黄洋界一战，战出了气势，搅碎了"会剿"。鲜血浇筑的土地上，至今生机犹在。星火燎原之势起，红色诗歌已开篇。

撕破封锁，强渡湘江。为突破防线，寻得生机，红军苦战五昼夜，鲜血染红暗夜天空，将士浴血奋战直至弹尽粮绝。至此绝境，英雄不愿就此倒下，数万人用生命铺筑出前行的路。湘江一战，红军以高度的政治热情和英勇的献身精神，阻挡住了敌人的脚步。

三月时光，六次穿越；转战三省，四渡赤水。红军在重兵"围剿"中巧妙穿梭，化被动为主动，创造战机，尽锐出击，大举歼灭敌人，摆脱敌人的围追堵截。以少胜多，士气高涨，在英雄史上谱写下浓墨重彩的一笔。

大渡河旁，插翅难飞的天堑防线中，激流勇进，登岸拼杀，开辟出北上之路；泸定桥上，攀踏铁索，冒着密集火力，向对岸冲击，过火障，穿火墙，歼灭守桥之敌。

万里长征，穿过山坡丛林，走过寒冬酷暑，艳阳与寒风都是英雄磨砺的见证。

七七事变，中华民族开启全民族抗日。在炮火连天、浓烟四起的战场上，战士满身鲜血，用不灭的中国魂、不屈的中华脊梁抗日救国，以深深融入红色血脉的钢铁意志、无所畏惧的气概，打赢了这一场抵抗日寇侵略的民族解放战争。

辽沈一战，造就出强大的战略机动力量，解放军在东北地区建立了可靠的战略后方，为后续决战、解放全国奠定了基础。淮海出击，以少胜多，长江中下游以北广大地区得以解放，敌方军团陷入土崩瓦解，胜利的天平开始倾斜。平津之争，战势轰鸣，华北解放，敌方三大精锐战略集团彻底覆灭。三大战役得胜，人民解放指日可待。

我看着脚下的这条路，热血浇灌的土地上鲜花绽放，似在喝彩；天安门前，鲜红的五星红旗冉冉升起，那是东方巨龙的腾起，是中华民族以崭新的姿态屹立于世界舞台，向世界宣告：雄狮苏醒了！

沿途走下去，我看到了"两弹一星"，看到了联合国中熟悉的身影，看到了天宫神舟,看到了青藏铁路,看到了辽宁舰……

思绪翻涌,我看到了先辈们舍小家为大家,用生命诉忠,用热血卫国。忠诚如金,刀斧相加,不改其色;信念如金,艰难险阻,不渝初心;梦想如金,阅尽千帆,历久弥新。穿过沧桑岁月,穿过生死间隔,留下的是红色血脉,是永不褪色的民族情怀。

终于,我来到了新时代的征程上,眺望身后无数英雄先辈用生命和热血开辟的路,我知道,埋在历史长河中的,仅仅是烈士的身躯,他们的红色血脉仍无比鲜活。吾辈将承袭先辈意志,手中高举红色火炬,哪怕以鲜血为代价。我们会永远怀揣赤诚之心,坚定不移地走好这条通向胜利的民族复兴之路,将红色基因代代传承。

(文/王可莹)

怀山河深情,筑中式风骨

苍山巍巍,江水泱泱。沧海桑田,英魂不灭。一百多年来,为赢得民族独立和人民解放,为实现国家富强和人民幸福,中国共产党团结带领人民前赴后继、英勇奋战,涌现出了一大批视死如归的革命烈士、顽强奋斗的英雄人物、忘我奉献的先进模范,书写了感天动地的伟大史诗,谱写了气吞山河的英雄壮歌。作为新时代的青年,我们要以英雄模范为榜样,崇敬英雄模范,学做英雄模范,让新时代成为英雄辈出的伟大时代。

岁月长河,历史记忆不容磨灭;时代变迁,英雄精神熠熠生辉。中华民族是一个崇尚英雄、成就英雄、英雄辈出的民族。古有岳飞"精忠报国",文天祥"人生自古谁无死,留取丹心照汗青",陆游"王师北定中原日,家祭无忘告乃翁",林则徐虎门销烟;今有八路军五战士勇跃狼牙山,钱学森放弃美国高薪毅然回国搞建设,屠呦呦潜心钻研终成硕果。饮水思源,不忘来路,在我们享受和平与安逸的同时,更应懂得今天的生活是怎样来的。铭记英雄,致敬英雄，崇尚英雄。

在研制氢弹的过程中，中国"氢弹之父"于敏曾三次与死神擦肩而过，他将一生奉献于核武器事业，默默付出，无怨无悔。"杂交水稻之父"袁隆平终生奋斗在野外，走过一条条充满荆棘的道路，用一粒种子改变世界。他们无私奉献，为国家发展尽心竭力。他们是国家的英雄，人民的楷模。还记得汶川地震营救员的身影，他们挽救了千万生命；还记得黎明时环卫工人忙碌的身影，他们美化了环境；还记得烈日下建筑工人的身影，他们建起了一座座的高楼……其实，我们身边的英雄有很多，他们也许出身平凡，但精神不平凡。

英雄从来不是从天而降的，永远都是挺身而出的。英雄也是平凡人，只不过他们为了民族、为了国家、为了他人奋勇向前，变得不平凡。我们记得他们，他们就活着。崇尚英雄、缅怀先烈，才能让英雄不朽！

传承英雄精神。英雄是一个民族最闪亮的坐标。对英雄最崇高的敬意、最深沉的思念，就是追随，就是传承。致敬英雄，学习英雄，是每一个时代的主题。

一百多年前的中国受尽了屈辱。正因为有英雄的人民，今天我们才能够以新的姿态挺立于世界。建设祖国，实现中华民族伟大复兴，英雄的中国人民做到了。那本是一条崎岖的小路，建设者们沿着荆棘灌木不断探索、开拓，最终开辟出了宽广、平坦的大路。英雄用行动证明，勤劳与智慧必将战胜贫穷和困苦，中国梦必将实现！那些沧桑的岁月，如今已是不朽而壮丽的诗篇！

无私的英雄们啊，你们为民族、为国家献出了全部，你们是巨龙的跟随者，更是不可缺少的引领者，你们是中国最大的财富！

那条红色巨龙已经苏醒，它将以势不可当的力量冲破云霄，让世界感受这磅礴的气势。我们捧一颗报国之心，愿以英雄前辈为榜样，为祖国的发展贡献无尽力量！

（文/付晓宇）

天行健，薪火传

成仿吾先生是中国无产阶级革命家、忠诚的共产主义战士、新文化运动的重要代表、无产阶级教育家和社会科学家、文学家、翻译家，于1958—1974年任山东大学校长兼党委书记。1962年，成仿吾先生为山东大学写下了第一支校歌，被一代代山大人传唱。

“东临黄海，南望泰山，这里是我们追求真理的乐园。”我仿佛听到，1983年9月成仿吾先生重返山东大学看望师生时，以泰山做比，鼓励大家：“泰山是高大的，我们的学校也要像泰山那样高大。希望山东大学的同志们向着这个大目标前进。”这是成仿吾先生作为一位教育家、一位老校长对山东大学的期盼。山东大学坐落于齐鲁大地、孔孟之乡，始终坚持以“为天下储人才，为国家图富强”为办学宗旨，历经岁月雕琢，成就了如今海纳百川、蕴泽深厚、开拓进取的学术殿堂，追求真理的乐园。

“天行健，君子以自强不息；薪火传，学子要与前贤比肩。”我仿佛听到成仿吾先生这样总结自己的一生：“我是从文学革命到革命文学，从文化人到革命战士。”成仿吾先生精通多种语言，长期致力于传播马克思主义，五次翻译《共产党宣言》，校译《哥达纲领批判》《社会主义从空想到科学的发展》等马克思主义经典著作，为准确地宣传马克思主义做出了重要贡献。我仿佛听到成仿吾先生对我们这一代青年说，历史的接力棒已经交到你们手中，新的征程将由你们来开启，新的伟业将由你们来创造。

“为天下储人才，放眼五洲；为国家图富强，求索万年。”我仿佛看到1921年成仿吾先生同郭沫若、郁达夫成立“创造社”，旨在解放个性、反对封建文化。从创社到任军校教官，从剑指文学革命到投身革命文学，再到投入无产阶级革命……艰难求索，只为国家图富强。成仿吾先生也是出色的教育家。他根据革命和建设的发展需要迅速转变学校教学内容与教学方法，以推动革命和建设的前进，放眼五洲，只为天下储人才。我仿佛看到成仿吾先生轻轻拍了拍我们这一代青年的背说，要心怀"国之大者"，将小我融入大我之中，以更加昂扬的姿态，为全面推进中华民族伟大复兴贡献青春力量。

"志向远大，气养浩然；学无止境，不畏登攀。"我仿佛看到革命意志至老不衰的成仿吾先生，尽管进入耄耋之年，依然为事业而操劳的身影。"学无止境，气有浩然"是山东大学的校训，激励着广大师生以执着的精神在学术和人生道路上勇于登攀，不断追求文化知识、技术能力、道德情操的至高境界。每每走到中心校区图书馆的门口，就会看到"学无止境，气有浩然"这八个大字。我仿佛看到成仿吾先生在书丛中埋头苦学的样子，看到他抬起头对我们说，年轻人，你来啦！学无止境，道阻且长，行则将至。

"奋斗啊，奋斗啊，为了中华民族崛起；奋斗啊，奋斗啊，为了人类美好明天。我们是崇实与求新的朝气勃发的青年！"我仿佛看到成仿吾先生为共产主义不懈奋斗的一生，为无产阶级教育事业艰苦开拓的一生。一代人有一代人的使命，一代人有一代人的长征。当代中国青年生逢其时，施展才干的舞台无比广阔，实现梦想的前景无比光明。作为新时代青年，有幸成为成仿吾英才班的一员，我要追随成仿吾先生奋斗的步伐，传承"仿吾"精神，与前贤比肩，与泰山比高，勇做奋进者、开拓者、奉献者，让青春在全面建设社会主义现代化国家的火热实践中绽放绚丽之花。

（文/金思妤）

有来者绘华章

"人人（那个）都说（哎），沂蒙山好，沂蒙（那个）山上（哎），好风光。"战火中，沂蒙山小调穿过枪林弹雨，越过烽火硝烟，抚慰着沂蒙人民的心灵。沂南，这座革命老城、这片红色热土，作为抗战时期的沂蒙革命根据地中心，无数英雄荣辱与共、生死相依，留下了众多"义无反顾跟党走，舍生忘死救中国"的英勇故事。其中，王换于、李桂芳等众多沂蒙红嫂，用生命与热血谱写了一首首可歌可泣的壮丽诗篇。

昔有红嫂谱精神

1888 年,王换于出生在山东省沂南县马牧池乡东辛庄村的一户贫困人家。19 岁那年,她便被父亲以两斗谷子为彩礼,嫁给了姓于的大户人家。抗日战争爆发后,渴望自由与解放的王换于毅然选择加入革命队伍,成为一名光荣的共产党员。为了照料被迫颠沛流离、瘦弱不堪的将士子女,王换于主动提议成立东辛庄抗日战时托儿所。她用瘦弱的肩膀挑起了抚养将士子女的重担,从此便是十年。

为了照顾革命后代,王换于接连失去亲生骨肉。一家人悲痛万分,肝肠寸断,但即便如此,他们也从未想过放弃。从 1939 年秋到 1948 年底,战时托儿所的 86 名革命后代全部茁壮成长,没有一人受到伤害。王换于还掩护了一大批八路军伤员和抗日干部,并将当时的重要会议资料精心保存。1978 年,年逾九旬的王换于将战时出版的《联合社会会刊》完整上交有关部门,填补了山东省档案馆的一项空白。

当年的王换于,因“被丈夫家用两斗谷子换来”而起名“换于”;后来的王换于,坚定果敢,大公无私,用自家牺牲换得革命后代安然无恙。她不再是“于王氏”,而是堂堂正正的“王换于”。

我辈向前绘华章

今天,我们前往沂南进行支教调研,其中一站便是沂蒙母亲王换于纪念馆。纪念馆建成后,遍布在祖国各地的“儿女”们纷纷前往东辛庄祭奠曾经养育自己的王换于母亲。有人疑惑:为了别人的孩子而牺牲自己的孩子,对王换于一家来说,值得吗?

在走进纪念馆的那一刻,我找到了答案。走进王换于纪念馆,我燃起了无限的敬意与感动,仿佛我也是当年的孩子。看着自己家的孩子因缺乏营养和躲避扫荡而失去生命固然悲痛,可王换于一家深知,他们守护的是中国的未来与希望,是将士们抛头颅洒热血所期待的美好明天。在战争年代,沂蒙山区还有无数同王换于一样的妇女模范，她们有的节衣缩食，缝军衣、做军鞋、运军粮、送弹药，将物资支援前线；有的跳入冰冷的河水，用身体架起木板桥；有的打破束缚，用乳汁救活八路军战士……这一切的无私付出，不仅是因为她们的淳朴和善良，更是因为她们一次次看到日本侵略者践踏自己的家园，一次次看到八路军战士为掩护群众而壮烈牺牲，一次次亲身感受到中国共产党在为民族解放和国家独立而不懈奋斗。她们深知，只有共产党，才能救中国！这样的信念已经深深融入沂蒙红嫂的骨子里，她们渴望独立、向往自由、憧憬和平，她们看到了新生活的希望。为此，她们勇敢地斗争到底。

“咱们共产党(哎)领导好，沂蒙山的人民(哎)喜洋洋。”支教时，看着对面的孩子们，我更加深切地明白沂蒙母亲的伟大。如今的孩子们在沂蒙精神的滋养中成长，哼唱的依旧是沂蒙山小调。不同的是，小调已经成了孩童们的启蒙谣，成了爷爷奶奶在麦子满穗时的丰收歌，成了沂蒙人民歌颂生活的幸福曲。

作为新时代的青年，我们有幸生于和平年代，但我们深知这是先辈们抛头颅洒热血所创造的。我们要秉承先辈遗志，赓续红嫂精神，高举信仰旗帜，不忘初心，砥砺奋行，让青春在这片热土上绽放出绚丽之花！

(文/刘议莲)

今朝承志助兴国

“天地英雄气，千秋尚凛然。”在历史的长河中，英雄烈士灿若群星，他们是中华民族的脊梁。据不完全统计，近代以来有约2000万名烈士为国捐躯，他们在硝烟弥漫的战场、祖国建设的热土、保家卫国的一线冲锋陷阵、抛洒热血，他们为了谋求民族独立、人民解放，实现国家富强、人民幸福而英勇奋斗，甚至不惜付出自己宝贵的生命。

万千忠骨,万千热血,他们以灼热的信仰信念、炽烈的家国情怀,书写了可歌可泣的壮丽篇章。

一个有希望的民族不能没有英雄,一个有前途的国家不能没有先锋。不久前,第九批在韩中国人民志愿军烈士遗骸安葬仪式在辽宁沈阳抗美援朝烈士陵园举行,88位志愿军英烈在祖国大地安息。伴随着军号吹奏的《思念曲》,人们回忆起黄继光、邱少云等英雄功臣,回忆起鏖战长津湖、血战上甘岭的艰苦卓绝,回忆起“忍饥受冻绝不退缩,烈火烧身岿然不动”的民族血性。精神的伟力,总能带来心灵的震撼;信仰的光芒,总能穿越时空的阻隔。英雄烈士的事迹和精神,永远是激励我们奋勇前行的强大力量。

一切伟大成就都是接续奋斗的结果,一切伟大事业都需要在继往开来中推进。从“守岛人”王继才、王仕花夫妇32年守岛的动人故事,到“守边老人”魏德友57年在边境线上放牧巡边20多万公里的艰辛足迹,他们日复一日为国守护;从“大国工匠”艾爱国在焊工岗位50多年的矢志不移,到“新中国第一代劳模”黄宝妹一辈子为民纺纱的执着追求,他们初心不改、坚守岗位。学习英雄模范,就是要学习他们拼搏奉献、不怕牺牲的精神品格,把许党报国、履职尽责作为人生目标,不畏艰险、勇于攻坚,知重负重、苦干实干,不屈不挠、无怨无悔,努力创造无愧于党、无愧于人民、无愧于时代的业绩。对历史最好的致敬,是不断创造新的历史伟业;对英烈最好的纪念,是把他们开创的事业不断推向前进。新的征程上,仍然有新的“雪山”“草地”等待我们去跨越,有新的“娄山关”“腊子口”等待我们去攻克。

每一位英雄烈士,都是一座精神的丰碑。每一次对他们的缅怀,都是一次思想的洗礼;每一次对他们的致敬,都是一次精神的传承。在国家蒙辱、人民蒙难、文明蒙尘的危难关头,从“为世界进文明,为人类造幸福”的李大钊到“假如我还能生存,那我生存一天就要为中国呼喊一天”的方志敏,从“怕死不当共产党”的刘胡兰到“竹签子是竹子做的,共产党员的意志是钢铁”的江竹筠,无数革命英烈以生命和热血诠释了“心中有信仰,脚下有力量”的真谛。学习英雄模范,就是要学习他们坚守理想、赤胆忠诚的精神品格,把对马克思主义的信仰、对中国特色社会主义的信念作为毕生追求,永远信党爱党跟党走,把个人梦融入中国梦,在各自岗位上顽强拼搏,不断把为崇高理想而奋斗的实践推进向前。

"我们的红色江山是千千万万革命烈士用鲜血和生命换来的。江山就是人民，人民就是江山。我们决不允许江山变色，人民也绝不答应。"[1]中华人民共和国成立70多年来，经过一代又一代人艰苦奋斗，发生了翻天覆地的变化，人民实现了全面小康，中华民族屹立于世界民族之林。我们要继续向前走，努力实现中华民族伟大复兴，以告慰革命先辈先烈。红色江山来之不易，守好江山责任重大。我们要讲好党的故事、革命的故事、英雄的故事，把红色基因传承下去，确保红色江山后继有人、代代相传。缅怀先辈、致敬英雄、见贤思齐，踔厉奋发、笃行不怠，我们要像英雄模范那样坚守，像英雄模范那样奋斗。我坚信，我们必能在实现中华民族伟大复兴的接力赛中跑好属于我们这代人的一棒。

（文/赵书振）

勇担新时代重任

1840年，西方列强打开了中国的大门，此时的中国拖着羸弱的身躯，在坚船利炮的攻击下奄奄一息。莽莽神州，谁能救中国？风雨飘摇间，一艘红船从碧波荡漾的嘉兴南湖逐光起航，如惊雷，似闪电，划破漫漫长夜。中国共产党的先驱们在黑暗中擎起明灯，用躯体铸成铜墙铁壁，挺过战争中的枪林弹雨，引领一个民族书写救亡图存的壮丽史诗。

信仰之光芒，穿越时间长河熠熠生辉；精神之力量，历尽沧桑风雨生生不息。怀着"开创一个人人有饭吃、人人有衣穿的新天地"的执着追求，秉持"忍饥受冻绝不退缩，烈火烧身岿然不动"的民族血性，共产党人坚持真理、坚守理想，践行初心、担当使命，不怕牺牲、英勇斗争，对党忠诚、不负人民，

---

① 《习近平在辽宁考察时强调　在新时代东北振兴上展现更大担当和作为　奋力开创辽宁振兴发展新局面》,《人民日报》2022年8月19日。

带领中华民族走在实现伟大复兴的大道上。这是我们党的光荣传统,也是流淌在我们党血液中的红色基因。吾辈将追随先辈的步伐,凝集尘雾之微补益山海,汇聚萤烛末光增辉日月,接续点亮民族复兴的希望。

追寻革命足迹,汲取奋斗力量。2022年7月2日,“仿吾青马”们来到中共山东省工委旧址,参观中共山东省工委旧址党性教育基地。通过阅览实物、照片、珍贵历史资料,一起回顾了山东省建党历史以及刘仲莹同志革命的一生。之后,我们来到革命纪念地和尚洞,缅怀为争取革命胜利而藏身于此的先烈们。50年前,上级党组织遭到破坏,以刘仲莹为代表的共产党人在极度危险的情况下冒死恢复和发展党组织。有因变卖家产而饱受颠沛流离、风餐露宿之苦的刘仲莹,有因穷困潦倒而衣衫褴褛、蓬头垢面被称为“鹿疯子”的鹿省三。他们以对党的事业的无限忠诚,对实现共产主义事业的责任担当,书写了可歌可泣的壮丽篇章。

“天地英雄气,千秋尚凛然。”参观那天,我们在活动室合唱《最可爱的人》,以歌声追思先烈,致敬那些最可爱的人。歌声中,我仿佛听到了冲锋的号角在白雪皑皑的战场上响起,仿佛看到了千千万万万个可爱的人匆匆走进风雨,不回头向硝烟深处奔去。多少个青春背影消失在夜里,只为换来晨曦。灼热的信仰、炽烈的家国情怀激励着一批又一批战士呐喊着冲向前线,用血肉之躯换回山河无恙。他们的精神灿如夜空中的繁星,指引着我们向前、向上。我们歌唱,我们追寻,缅怀革命先烈,祭奠不朽英魂,在铭记历史中汲取精神力量,在抚今追昔中坚定前行的意志。

“我仰望你看过的星空,穿过百年时空再相逢,在此刻我们总会心灵相通。”每当唱起这首歌,我都会思考:同为20岁的青年,当冲锋号响起,我是否有勇气像他们一样扛起步枪冲锋陷阵呢?如今,面对百年未有之大变局带来的机遇和挑战,我想我会做出和他们一样的选择。要想实现百年复兴,我们必须抓住机遇迎难而上。

平凡铸就伟大,英雄来自人民。没有人生来就是英雄,是无数勇敢的普通人用平凡成就了伟大。正如“救火英雄”李道洲、“战疫英雄”白晓卉、“守岛英雄”王继才……他们坚守岗位,不辱使命;他们心怀家国,无私奉献,用日复一日的坚守和不变的赤诚初心,扎根基层、鞠躬尽瘁,绽放出了璀璨夺目的生命光彩。“高山仰止,景行行止。”对英雄最好的致敬,就是赓续他们的精神,传承红色基因;对先烈最好的纪念,就是踔厉奋发,笃行不怠。

一代人有一代人的长征,吾辈青年生逢盛世,当不负盛世。新时代青年将接过历史的接力棒,以青春之辉煌,肩担民族重任,胸怀中华民族伟大复兴的梦想,奋力向前,创造属于我们这一代的精彩!

(文/李雅轩)

砥砺初心谱新篇

"烽火连三月,家书抵万金。"那些沉静的文字,或温暖宁静,或慷慨热烈,无声胜有声。那些薄薄的纸张,盛满浓浓思念,载着铮铮理想,一页担千钧。翻开红色家书,以青春之名,穿行于泛黄书页中与英烈们对话,敬仰英雄气节,传承英雄精神。让我们围绕一封5000字的家书,走近"红色特工"冷少农。

以生命赴革命,以隐秘铸伟大

冷少农,奉周恩来指示潜入南京的中共隐蔽战线的先驱,是中国共产党历史上最杰出的红色特工之一。他出生在贵州省瓮安县的一户农家,年少读书时接触了大量马克思主义著作,将自己的名字由肇隆改为少农,立志一生为解放穷苦人民而不懈奋斗。

在广州黄埔军校政治部工作期间,冷少农秘密加入中国共产党,大革命失败后,他受党的派遣前往南京做党的地下工作。在阴云密布的日子里,他身居虎穴,临危不惧,凭借对党的无限忠诚和信仰,为党的事业殚精竭虑,提供了三次"围剿"的重大情报,挽救了红军,挽救了党。1932年3月,由于叛徒出卖,冷少农被捕入狱。面对敌人无耻的游说,冷少农斩钉截铁地回答:"我宁愿做不识时务的拙笨人,绝不做叛党求荣的识时务者。"他身陷囹圄,备受酷刑，仍大义凛然，视死如归，体现了一个共产党人的铮铮铁骨。1932 年 6 月 9 日凌晨，冷少农等多位共产党人被敌人押上刑场。牺牲前，他们高唱着《国际歌》，呼喊着“中国共产党万岁”，铿锵有力，响彻四方！冷少农牺牲时，年仅 32 岁。

以家书明心迹，以英名存千古

南下广州，远离家乡，一封封家书成为冷少农与父母妻儿联系的桥梁。那些模糊不清的文字，有简单的互报平安，有仓促的遥寄问候，也有关切的殷殷嘱托。其中，一封 5000 字的家书格外与众不同。这是冷少农对“孝”的回答，以及对天下的承诺。

在那个时代，何为孝？是“无违”，是“父母在，不远游”。何为不孝？是“不能事亲”，是“不为禄仕”。而冷少农深入敌营，远离家乡，顾不得自己的家人。在一封信中，母亲斥责他“不忠不孝、忘恩负义”，深深刺痛了这位游子的心。

夜深人静，老旧的煤油灯发出微弱的灯光，钢笔在泛黄的信纸上唰唰作响。冷少农提笔疾书，14 页、5000 字长信一气呵成。“好久没有接着你的信了，更是好久没有聆听你老人家慈爱亲切的教训了，我的心中是多么的想念啊！”[①]他在信中歌颂母亲的伟大，但碍于形势，不能将自己的志向完全吐露，只得告诉母亲“我是把我的孝移去孝顺大多数痛苦的人类，忠实的去为他们努力”[②]。字里行间表明了共产主义人的忠孝观和义利观，拳拳之情跃然纸上。

冷少农的一生，短短 32 载，却写尽了“爱国”两个大字。他是鲁迅笔下的猛士，敢于直面不公的人生与黑暗的时代。所谓英雄，不一定要披坚执锐、上阵厮杀，也可能是名不见经传的情报人员。冷少农将共产党员的忠诚英勇、坚贞不屈表现得淋漓尽致，心怀赤子之心，临刑而慨然高歌，令后人景仰。

---

① 恽代英等：《红色家书》，江苏凤凰文艺出版社 2017 年版，第 52 页。

② 恽代英等：《红色家书》，江苏凤凰文艺出版社 2017 年版，第 55 页。

以赤胆敬英雄，以青春担责任

“天地英雄气，千秋尚凛然。”为国家、为人民尽应尽之责，“忠孝只酬主义真”是冷少农一生的真实写照，也是那个救亡图存的热血年代无数仁人志士的缩影。

忘不了，红色家书中热血丹心的家国情怀，“宁儿，母亲因为坚决地做了反满抗日的斗争，今天已经到了牺牲的前夕了……”是赵一曼女士对儿子的谆谆教诲。忘不了，红色家书中坚定的革命意志——“砍头不要紧，只要主义真”，夏明翰在与妻子的家书中亦吐露了“革命寄吾志，誓将真理传人寰”的革命信仰。忘不了，红色家书中感人肺腑的民族气节，“为了全祖国家中人等幸福日子，男有决心在战斗中为人民服务，不立功不下战场！”是黄继光的铮铮誓言。

重拾故笺忆英雄岁月，砥砺初心谱盛世新篇。回望红色家书，英雄之嘱托振聋发聩。崇尚英雄才会产生英雄，争做英雄才能英雄辈出。时代青年正继先辈之火，以热爱之名奉献青春。弘扬英雄精神，需以奋斗之姿，勇担时代责任；弘扬英雄精神，需志存高远，躬行无私奉献；弘扬英雄精神，需秉持平凡本色，坚守赤诚初心。

吾辈青年生逢盛世，当有敢于触碰天空的勇气、与时偕行的锐气，传承时代英雄的不朽精神，绽放青春之花！

（文/向仲博）

第三回 “仿吾”情缘，穆如清风

【编者按】 该怎么去形容我们成仿吾英才班六期学员的相遇？那一定要提及我们对马克思主义的忠诚信奉以及对未来发展方向的深深共鸣和一致步伐。成仿吾英才班成立的初心，是培养一批走在时代前列的奋进者、开拓者，社会主义核心价值观的坚定信仰者、积极传播者和模范践行者。我们被相同的初心和目标吸引于此，我们相遇相识，为着共同的目标，全力以赴。

第一话｜回首往昔，历历在目

起始于那个残夏

午后的太阳高悬在空中，天气格外炎热。学生们在中心校区的路上匆忙行走着，像飞行的鸟儿急切找到自己的栖息地去享受另外一个世界的清凉。我穿着厚重的正装，拖着疲惫的身躯来到成仿吾英才班的面试场地。

眼前，是一个陌生的世界，我望着密密麻麻的人。大家都神情严肃，专注于自己手中的面试材料。我迅速找了一个空着的位子坐下来。抬头望着在面试场地忙碌的学长学姐们，他们白衣红袖，胸前印着“山东大学成仿吾英才班”的字样。

“真好看啊！希望我也能穿上！”我心里默念，一边感叹成仿吾英才班的初见印象，一边平复自己忐忑焦虑的内心。关于面试的具体内容已经模糊不清了，我只记得那一刻我有一种莫名的使命感。

面试结束，等结果的那段时间是我 22 年最煎熬的一段时间。加之各种事情不断地涌来，或许力不从心更适合形容当时的我。看着路上郁郁葱葱的绿叶、花朵，夏天的济南明明是一片万物向生的景象，但我眼中所诠释的是一种盛大即将落幕的感觉，就像昙花盛开之后不得不面对的枯萎结局，那种无力无助感涌上心头。我应该是太想被认可了！在青春山大网站上看见自己被录取的信息，心中的石头终于落了下来，焦虑的情绪也释放掉了一些。我兴奋地将这件事情告诉给我身边的人，我终于要进入这个神圣的团体了。

当然，还是不够啊，你必须不断向前，不要停止你的脚步。

就这样，因为成仿吾英才班，30位同学的命运交织在一起了。大家交流着自己的想法，就像一个微型的宇宙，不仅仅有体育的精彩，还有文史哲的优雅谈吐、理工的效率至上，等等。我很愿意和大家接触，相聚一起像是打开了一个新的世界，我在里面看见大家的闪光点。在和大家的交流中，我能够汲取到不同的力量，他们在不经意之间滋养了我。我也想用自己的方式给大家留下美好的回忆，就像我手中的相机，回翻相册，我与"仿吾"同学的时光是多么珍贵。

迈入大学后，我一度迷茫，对自己的未来也多了几分担忧。2022年的夏天，也是如此。每当夜深人静，总会想自己所做的事情到底有没有意义，在做这些事情时，我是不是必须舍弃掉什么本该有的初心。

说到这里，我必须感谢成仿吾英才班给我带来的人生思考。在"仿吾"班所聆听的课程、所参加的活动、所接触的人，都带给我诸多启发，让我对人生有了更加清晰的认识。"仿吾"若清风，对我轻轻抚摸。"大学之道，在明明德，在亲民，在止于至善。""知止而后有定，定而后能静，静而后能安，安而后能虑，虑而后能得。"对于坎坷不清的未来道路，我明朗些许，或许至善之境对于我来说还尚远，但是现在仍可抓住，让自己明德、安静、思考。我开始慢慢地改变自己，整理自己的生活，将以前杂碎的东西理清楚。马克思给予我的是实事求是的态度，是对立统一的明辨，以前所捉摸不透的也像杂乱的线团被慢慢解开。我渐渐地发现自己并非孤身一人，在前进的道路上，有志同道合的伙伴，有亲爱的同学、老师伴我同行。

也许，我现在还不够强，还没有结下硕果。但又何必妄自菲薄，"天行健，君子以自强不息"，我定会带着成仿吾英才班的精神，带着成仿吾英才班给予我的力量坚定地走下去，去创造一个不一样的明天。

（文/赵昊杰）

我们在夏枝繁茂时相遇

我与第六期成仿吾英才班的情缘要从我19岁生日那天讲起……

比那个夏日午后的天气更热烈的是同学们的热情。在第六期成仿吾英才班师生见面会正式开始前,同学们早已打成一片。30位来自不同学院、不同专业的同学,明明是第一次见面,却像是结交了许久的老友,相谈甚欢。本是觉得大家会难以接近、难以相处,但同学们真诚的眼神、朴实的笑容,打消了我所有的疑虑。班主任董祥宾老师也打趣道:"本来担心大家气氛不活跃,还准备了破冰小活动,看来根本不需要啦!"见面会全程,整个"仿吾"学堂的氛围都十分热烈、融洽,喝彩、掌声、笑声……一阵又一阵。

进入大学,我感觉和以往学习生涯最大的不同就是集体、班级的概念削弱了。加上受新冠疫情的影响,即使是同专业的同班同学,我们的交集也仅停留在在同一间教室上课。而那个下午我踏进"仿吾"学堂,看到热情的同学们,我又一次找到了集体的感觉,重新找到了归属感。热情、真诚,是我在"仿吾"学堂学到的第一课。

自我介绍环节也是让我大开眼界。每一位同学都是各自所在学院的佼佼者,专业学习、学生工作、社会实践、文体活动……各路开花。大家在讲台上自信大方地介绍自己,同时又十分谦逊,互相鼓励、互相欣赏。原来身边有这么多优秀的人,他们还如此努力、如此谦逊,这是我在"仿吾"学堂学到的第二课。

我把成仿吾英才班的同学和可敬又可爱的老师视作我19岁最棒的生日礼物,一点也不夸张。从此,我多了一个家,在135"仿吾"学堂;多了一个学习圣地,在马克思主义学院402教室;多了一群家人,优秀又温暖的"仿吾"同学在各个地方低调地发着光,照亮着我。

7月的莱芜之行,是一次拉近我们距离、开拓我们视野的心灵之旅。临行前的高歌、旅途中的交谈、说走就走的远足登山、为了小组荣誉而拼搏的团建游戏、烈日下的红歌比赛……我们的默契、我们的凝聚力一点一点提升。我们经过中共山东省工委旧址，在那里回顾山东省建党的波澜壮阔的历史征程；我们经过和尚洞，在那里感受革命先烈的英勇与智慧。我们在先辈用血与泪书写下的历史中看到了当代青年的使命与担当，"做马克思主义的信仰者、践行者、传播者"深深地在我们心中扎根、发芽。

此后，每两周一次的理论课学习成了我最期待的环节。作为学习委员的我，每次都能提前得到上课内容的剧透是我的小确幸，每次在给同学们发通知提醒上课时收到的满屏"谢谢"和可爱阳光的表情包，让我感到无比幸福。在课堂上，学识渊博的教授如朋友一般与我们交谈，旁征博引，深入浅出，循循善诱。我第一次感受到自己与大学者之间的距离是如此近，感受到原来那些理论对我们的日常学习生活有着如此重大且现实的意义，对我们当今社会的发展有如此重大且现实的作用……我明白了，马克思主义理论不仅是知识，更是一种精神，一种力量。

每次讲课后的自由交流环节也会给我们带来新的收获。在那个阴雨绵绵的午后，一群踌躇满志却又有些迷茫的青年聚在一起倾吐困惑与烦恼，董祥宾老师的那句"要做全面发展的专才"消解了我们近期的苦闷，那句"选择了这条路，就要坚定地走下去"给予了我们无穷的力量。我们30名同龄人常常会有相似的境遇和困惑，好在我们有懂我们的老师、朋友。当我们迷茫时、困惑时，我们又能成为彼此的光，互相照亮，互相支持，风雨兼程地继续在我们所选择的道路上坚定地走下去。

我们在夏枝繁茂时相遇、相识、相知。喜欢这个集体，在这里我们学习到了马克思主义的基本理论与科学精神，在这里我们的价值观和个人能力得到了塑造与培养，在这里我们如繁茂的夏枝接受着阳光与雨水的滋养。"仿吾"情缘，穆如清风，把我们的枝叶吹到一起。我们手牵手，一起奋力地向上生长。我们是崇实与求新的朝气青年，我们拥有无穷的力量和无尽的可能，不畏登攀。我们从那个热烈的夏日开始书写属于我们的长征故事，我们永远在路上。

（文/金思妤）

缘起缘续，以缘相聚

初识"仿吾"，是一个很巧妙的契机。

那天，我正坐在自习室里读书，偶然瞥到手机里有新消息。这是同专业的一位非常优秀的学长发来的，他说有一个很好的机会，建议我考虑考虑。我点开学长发来的链接，"成仿吾英才班"几个大字赫然映入眼帘。学长说他自己就是第五期的"仿吾"学员，觉得在成仿吾英才班里收获了许多，无论是友谊、知识还是机会。于是，我就去查看了成仿吾英才班的资料——山东大学成仿吾英才班是山东大学贯彻习近平总书记重要讲话精神以及全国高校思想政治工作会议精神，落实中共中央、国务院印发的《关于加强和改进新形势下高校思想政治工作的意见》，充分发挥山东大学马克思主义学科优势，推动"全国重点马克思主义学院建设"及"青年马克思主义者培养工程"的重要举措，是一个非马克思主义专业优秀本科生进一步接受马克思主义基本理论和实践技能培育的校级特色人才培养试验班。成仿吾英才班以培养一批政治坚定、素质全面、具有卓越领导力和高度社会责任感的青年学生骨干为办学宗旨；邀请国内外知名专家学者为学员授课，并通过社会实践、基层锻炼、访学交流等形式，让学生认识社会、了解社会；鼓励学生将学习与思考、观察与思考、实践与思考紧密结合起来，学会用正确的立场、观点、方法分析问题，引导学生善于把握历史和时代的发展方向、善于把握社会生活的主流和支流、现象和本质……以上种种，都让我非常心动。于是，怀揣着期待，我填写了成仿吾英才班的选拔申请表。时间与事实也证明，这是一个绝对不会让我失望的选择。

在准备选拔的过程中，其实我内心是比较忐忑的，因为我知道一起参加竞选的同学都非常优秀，而对于能否进入成仿吾英才班，我并没有太大把握。在这期间，我积极学习了许多马克思主义基本原理的相关知识，也向第四期成仿吾英才班的郭力源学长和第五期成仿吾英才班的孟德誉学长请教了许多经验。很荣幸的是，我通过了初选。在面试环节，老师问了我这样一个问题：平凡的人，即各行各业的人，都可以成为英雄吗？对于这个问题，我想了几秒钟，有了自己的答案。在我眼里，平凡铸就伟大，英雄来自人民。在日常生活中，我们要在自己的岗位上发光发热，站好每一班岗；当我们的祖国面临危机之时，我们每一个人也都应该挺身而出，做自己的英雄，做中华民族的英雄。

几天后，我收到了录取结果——我被录取啦！那一刻，我激动的心情无以言表，感觉自己的努力得到了回报。在第一次班会上，我们每个人都上台进行了自我介绍，听到大家丰富的履历，台下时不时地发出"哇——"的呼声。能够在成仿吾英才班这个平台认识到认真负责可敬的董祥宾老师和优秀可爱的同学，以及非常温柔、专业知识过硬的导师，我感到非常荣幸。

之后的日子里，经常有非常厉害的知名专家教授来给我们开展讲座。讲座的内容充满干货，我每次都能收获很多知识，老师们也总是能带给我很多有益的启发。通过这些讲座和课程，我对现实国情与新时代新青年肩负的责任使命有了更加深入的认识。在成仿吾英才班的日子里，不仅有课堂上的理论知识学习，还有实践之中的锻炼与收获。我们一起去莱芜参观学习，在那里，我们度过了愉快又收获满满的几天。同学之间更加熟悉，班级的凝聚力与向心力更强。令我非常感动的是，在莱芜实践学习期间，我有一次因肚子不舒服而请假休息，董祥宾老师多次关心我的身体状况，甚至提出帮我联系医生，这让我感受到了真诚的关切与温暖。

除了这些，我和"仿吾"的故事还有很多。

我知道，山东大学成仿吾英才班以成仿吾先生的名字命名，正是希望同学们能从以成仿吾先生为代表的山大先贤身上汲取精神力量，正确认识时代赋予的历史使命，自觉把个人的理想追求融入国家和民族的事业中。成仿吾先生坚定的革命意志、严肃认真的工作作风、渊博的学识一直影响着后人，如同黑暗中的灯塔指引着我们前行。作为一名光荣的成仿吾英才班学子，我定将继承先辈的精神与意志，不忘初心使命，不负祖国与成仿吾英才班的培养，为中华民族的繁荣昌盛奉献一份力量！

我与成仿吾英才班的故事，未完待续……

（文/解颖）

"青马"踏歌，知行启程

何其有幸，2022年5月我与成仿吾英才班相识。自此，一个关于"青马"知与行的成长故事就起笔了。入班时间已近一年，回想起在成仿吾英才班的点点滴滴，与理论的相识相知，与实践的携手并行，与师友的相伴互助，心中早已汇成千言万语。

与理论的相识相知，是探索真理的无尽源泉。一年来，在成仿吾英才班的理论学习，为我打开了马克思主义世界的大门。在这个盛大的世界里，我见证了学科的交叉融合，体悟到了马克思主义理论跃动的生命力。在这个盛大的世界里，有深邃的哲学视角，有条理的法学思维，有紧贴民生的社会学切口，有对教育的深刻反思……我试着从近代以来中国共产党带领中国人民为中华民族伟大复兴而奋斗的历史中把握中国接受马克思主义的逻辑，从现代政党的比较中把握中国共产党的特质，一切清晰了起来、深刻了起来。拥有教育相关专业背景的我，在学习"习近平总书记关于教育的重要论述"的专题时，有着不一样的感触。成仿吾英才班的学习与专业课的讲解让我能够从多个视角看教育，敦促我要不断努力，成长为一名好老师。

与实践的携手并行，是立足现实的脚踏实地。热情似火的夏日，成仿吾英才班启程莱芜实践基地，走过那段历史，聆听先辈的声音，感受至真至纯的家国情怀。巍巍青山，悠悠白云，穿越历史的长河，我听到了刘仲莹同志苦苦追寻真理的呐喊，看到了和尚洞里正激烈商讨的仁人志士。切身感受，躬行实践，立足现实，脚踏实地。这是成仿吾英才班带给我的收获和成长。

与师友的相伴互助，是陌上花开的温情守望。老师们无微不至的关爱、孜孜不倦的教诲，为我画出了一位老师应该成为的样子，也让我明白马克思主义信仰者的姿态——用最实际的行动传播真理、践行真理。

每一次课堂上的激烈讨论，总能让我看到同学们思想的闪光点，发现不一样的思维。我感叹于如此跃动的思维和不断萌发的新鲜想法，不断地去了解那一个个独特又有趣的灵魂。犹记得班里一位同学讲述的支教故事、分享的支教经历,她的话我记了很久很久。带着她给我的感动和启发,我在探寻那些有意义的事情,尽自己最大的努力去帮助需要帮助的人,因为这不是我一个人的世界。"这不是我一个人的世界"也是我在一年前成仿吾英才班面试时说的第一句话。经过一年的学习后,我对它有了更深刻的理解,我想我能更彻底地更好地去落实它。

何其有幸,在最好的青春,我遇到了你,穆如清风,暖似骄阳。为期一年的学习即将画上句号,而在成仿吾英才班的点点滴滴早已化成了春日的清风、夏日的树荫、秋日的果香、冬日的白雪,早已刻在了我的心里。

（文/王艺荣）

乘一舟,扬千帆

在进入成仿吾英才班前,我对这里的了解来自学校的一篇篇推文和学长、学姐朋友圈里的分享。学习、讲座、研学……在他们红色的足迹里,我看到了我向往的学习状态,也憧憬着有一天自己能参与其中,与那些优秀的灵魂相遇、相识、相携前进。

很幸运,我通过考核进入了成仿吾英才班,在这里与优秀的老师同学相遇,共同学习、共同进步。莱芜研学、二十大宣讲、理论教学、读书会……在与伙伴们的一起学习中,我愈发领悟到成仿吾英才班的魅力,也真切感受到成仿吾英才班带给我的成长。

拍照、写新闻稿……我非常开心能够参与到类似的成仿吾英才班建设工作中。在拍下的诸多照片里,我最喜欢的一张照片是在暑假的莱芜研学中,成仿吾英才班的同学们一起向山下走去,相同的红色衣服,相似的笑靥,清澈的双眸中充满青春的朝气。路旁的山上葱葱郁郁,短袖的红与树木的绿相互映衬。前有山大前辈百廿筚路蓝缕,穿越艰难与沧桑;今有"仿吾"学子百廿薪火相传,激越天下。令我感触比较深的是我们的读书会,它改变了我从前对马克思主义原典的理解,从新的角度打开了我对理论的学习。正是得益于此,在面对网络上纷杂的信息时,我能够始终坚定自己的信仰和信念,能够更加清醒理智、不盲从,能够坚持做主流思想的拥护者与传播者。

除了对理论的学习,成仿吾英才班给我深刻印象的还有“实践”。在寒假的党的二十大宣讲中,我向支教地的孩子们讲述党的二十大报告中的青年力量。青年人的足迹,在“为中国人民谋幸福,为中华民族谋复兴”的初心和使命中,在“母亲用共产主义为我们命名”的歌声里,在课堂上,在实验室里,在山坳中,在田野里,在社区中,在医院里,在边疆上,在九百六十万平方公里土地的每个角落里……青年人懂得大是大非,愿意为社会正义挺身而出,更愿意成为这个国家的一砖一瓦。

在全国宣传思想工作会议上,习近平总书记再次强调的“四力”,为新闻人提高本领能力指明了努力方向,也激励着我们新闻学子向着成为国家需要、社会需要的新闻人而努力。我想,成仿吾英才班在帮助我成为一名合格的新闻人的路上起到了至关重要的作用。在这里,我得以听名家之言,在思想碰撞中收获成长;在这里,我得以躬身实践,在知行合一中奉献社会;在这里,我得以结交良友,在思维碰撞中获得启发……我何其有幸来到这里,乘“仿吾”之舟,扬千帆竞发。

“恰同学少年,风华正茂。”新时代、新使命、新征程,更需要青年人学无止境、气有浩然,需要青年人有“功成不必在我,功成必定有我”的责任担当。在今后的发展中,我们定将厚植爱国情怀,筑牢信仰之基,力行实干之举,在新时代的历史方位下,不忘初心、牢记使命,努力成为担当民族复兴大任的时代新人!

(文/唐艺航)

高举信仰的火炬

为天下储人才，放眼五洲
为国家图富强，求索万年
志向远大，气养浩然
学无止境，不畏攀登
……

反复吟唱这首被山大学子深埋于心底的歌，仿佛与成仿吾先生展开了跨时空的对话，感触成仿吾先生对后辈的谆谆教诲和殷切期盼。

成仿吾先生，我该怎么形容对您的敬意呢？您怀"实业救国，富国强兵"之志，在异乡学习科学知识；您弃工从文，以文字为戟投入革命大潮；您投身教育，探究真理，五次翻译《共产党宣言》。作为后辈，在校园的每一个角落，似乎都能感受到您的存在，先生之风，山高水长。您的精神依旧熠熠生辉，您的风骨犹存。

寻着您的精神，我与成仿吾英才班相识，那是一个信仰坚定、青春洋溢的集体，是让理论知识和实践技能得到升华的殿堂，也是一个让梦想启航的地方。在成仿吾英才班的课堂中，我们追寻先辈的脚步。

开班第一课，便为我打开了马克思主义的大门。作为理科生，"马克思主义"于我而言，既遥不可及，又模糊朦胧。我与马克思主义的距离与困惑在学院老师的课程讲解中有了变化。当时王韶兴教授和张士海教授通过对文本的细细解读将宏观的马克思主义以思维导图的方式映在我的眼前，那是我第一次系统地了解马克思主义，它似乎也没有那么高不可攀。跟随老师的讲解思路继续探寻，我明白了，马克思主义不该被束之高阁，而应该走到群众中变得大众化，应该在我们的日常生活中生根发芽。老师谈到的"立足专业，高于专业，走出专业"，正是我们在大学学习阶段将马克思主义的思想结合实际的最佳体现。马克思主义帮助我们认清客观规律积极发挥主观能动性。在专业学习中,立足实际、亲身实践才是获得知识的真正落脚点,是我们能够正确应用理论进行主观创造的基础。若仅仅依靠书本上的文字是无法实现创新和发展的。浅浅一句话让我茅塞顿开,为我指明学习真理的方向。

学子初尝知识之果,便食髓知味,如痴如醉。一节又一节的课,老师将兴趣的种子播撒在我心中。我在求知的路上,用永不冷却的热情寻找知识的果实。这是学子的信仰,也是前辈精神的传承。

在知识海洋的航行中,从不缺乏思维的碰撞。手捧一本书,便可以是一个日夜的光阴。我们围坐一方,讲述着自己与书的情缘。我们心怀对马克思主义的敬意,研读马克思主义经典著作。理论知识在头脑中盘旋,或宏观或微观,或全面或局部。听着大家对同一篇文章的不同理解,我看到了新唯物主义哲学的样子,理解了辩证唯物主义的认识论,明白了唯物辩证法的矛盾论,更懂得了实践的重要性;我们分享学习收获,交流学习感悟,我看到了马克思主义理论的科学性、人民性、实践性和发展开放性;我们共同探寻马克思主义中国化、时代化的内在规律,我从中感受到了马克思主义在新时代的强大生命力,更懂得了当代青年应该担当的责任和使命。我们深刻意识到当代青年生逢其时,当在时代舞台上无畏追梦。“有理想、敢担当、能吃苦、肯奋斗”,是我们的口号。我们也希望,终有一日,这12个字能够成为我辈的代名词。

成仿吾英才班承载着以成仿吾先生为代表的山大人的治学、爱国、求真、明理的不朽精神。我们将这段学习经历装入行囊,这是每一个“仿吾”学子追梦路上的底气。我探寻“仿吾”精神,高举信仰火炬,力争成为有理想、敢担当的新时代青年,让“仿吾”精神在历史舞台上闪耀出时代光辉。

(文/王可莹)

德以修身，学以笃志

在加入成仿吾英才班之前，我就已经听过成仿吾英才班的很多故事。也正是从那时起，我内心便种下了一颗种子——成为"仿吾"青年。很幸运，我顺利进入了第六期成仿吾英才班这个大家庭。我想，加入成仿吾英才班是我做过的最正确的决定之一。

初入成仿吾英才班，对一切都充满了好奇。面对新的同学、新的环境，我一时还不太适应。在第一次班会时，我就发现成仿吾英才班同学真的很不一样。大家都很积极很热情，充满着活力与朝气，哪怕是第一次见面也像是认识了许久的老朋友一样，谈天说地，相谈甚欢。我们坐在一起畅聊着，我的紧张感也渐渐退去，与同学们熟络了起来，教室里充满同学们的欢声笑语。

班级成立没多久后便开始了我们的第一次实践教学，那是一次令人难忘的经历。我们一起听报告，一起参观学习，一起致敬先烈，一起分享感悟、畅谈人生……跟这么多优秀的伙伴一起学习，相伴这样一段旅途，真的很好。正是这次实践教学，让同学们更加紧密地联系在了一起。第六期成仿吾英才班的故事，真正拉开了帷幕。

再后来，一次次理论教学让我这个理科生真正感受到了马克思主义的魅力。我懂得了马克思主义是实践的智慧，明白了要用马克思主义理论指导我们的学习和生活。我理解了马克思主义的立场观点和方法，学会了用辩证的思维看待生活中的现象。同时，马克思主义也为自己构造正确的世界观、人生观、价值观找到了方向，促使自己更好地成长。

每一次课后，同学们的讨论交流都会碰撞出思想的火花。看着一个个优秀的同学，听着他们有思想、有深度的发言，我更加确信在这里的相遇是多么的难得、多么的值得。我庆幸能够拥有一群志同道合的好友，让我的青春时光正好落在这样一些日子里，做着无比有意义的事情。得到这样珍贵的友谊是我的荣幸，亦是一种缘分，也希望大家都能够在不断的学习中增强对精神力量的信仰。

在心里养一匹烈马，奔腾于岁月晨昏。在这将近一年的成仿吾英才班的学习中，我对未来有了更加明确的规划。在此之前，我是一个对未来没有太多期望与思考的人，但环境会影响人、改变人。在这样一个人人都奋发向上的集体里，在一次次的学习中，我明白了青年人的责任与担当，明白了生命的价值与意义。于是，不自觉地就加快了脚步。

青年大有可为，青年必有可为。未来是属于青年的，我们生逢其时，重任在肩。先辈们将火炬传到了我们的手上，我们应竭尽全力跑完属于我们这一代的接力赛。万物盛衰有期，青春只有一次，过了便不再来。那些看似慌张的青春，是我们不负时光的认真。在成长的道路上，我们要不虚度每一寸光阴，努力成为有理想、敢担当的新时代青年，用青春和汗水去建设更加美好、美丽的中国。如此，我们便可骄傲地说：“我已经做了我能做的事。”

“功成不必在我，功成必定有我。”虽然不知道人生之路通向何方，但我坚信只要找准方向，不停地向前迈步，定能遇见更好的自己。我也不知道未来我会从事何种职业，但我定要做到燃烧自己、照亮他人。只盼我这微薄的光，能够为祖国的盛世繁华添彩。我向往朝霞，也期待自己能同它一样——披晨露而来，化霞光万丈。

（文/王晨曦）

做一个向上向善的好人

“力争做一个向上向善的好人，如果不能，那一定要做一个不坏的人。”

我第一次听到这句话，是在思想道德与法治的课上。生性保守的我初闻这句话便深深与之共鸣。“那些惊天动地的好人好事离我确实远了些，照顾好自己身边人，做个不坏的人，这样也不错。”抱着这样的心态，我开启了大学生活。于是,"不坏"的我就安心地待在舒适圈中,不闻"桃花源"外事。

"不坏"的我与成仿吾英才班相遇是意料之外的事。抱着试一试的心态参加面试的我从未想过,鲜有特长的自己能够跻身成仿吾英才班行列。在经过录取通知的短暂喜悦后,我隐隐有些害怕,担心这些闪闪发光的"好人"会不愿与我这个"不坏的人"为伍。在成仿吾英才班开班前,我一直都战战兢兢,并想方设法去融入这个或许并不适合我的集体。

莱芜之旅揭开了成仿吾英才班学习的序幕。在出发集合时,出于"不坏的人"的自觉,我很自然地一个人坐在了最后一排,看着前排同学三三两两聊起天来,难免心生羡慕。我想要加入他们,但又担心在言语间透露出自己并没有他们那样优秀。于是,我支起耳朵偷偷听着他们的谈话,就像一个提着煤油灯走夜路的忐忑小孩,心中暗暗想自己如何加入。可还没等我组织好语言,他们的话题就转向了我,不知道是不是自己的窘态被擅长察言观色的同学发现了。就在我不知所措之时,我的"救星"主动向我搭了话。谈吐之中,我的话匣子很快便被打开,没有什么字斟句酌,没有什么刻意为之,就像和相识很久的朋友拉家常那样轻松愉悦。我惊讶地发现,"好人"似乎也没有我想象中的那么遥不可及。

和"好人"相处真的是件简单而又快乐的事。在这个温暖、温馨的集体中,一切都那么亲切、那么自然,一个个此前不曾相识的同学都成了我研学旅途中的至亲好友。欢欣鼓舞地抱着摄影设备跑前跑后,津津有味地与大家讨论马克思主义理论,满怀敬意地跟大家一起倾听革命先辈的英雄事迹……在成仿吾英才班,温暖、友爱是清亮的底色。

在成仿吾英才班最快乐的事,是能和大家畅谈天地、吐露心声。每次课程结束后,老师都会带领我们结合课程内容谈谈自己的感想感悟。讨论中,有对课程知识的延伸,有对生活的思考……在诸多灵光闪现的碰撞交流中,我静下心来聆听别人的想法,同时也把自己心中的所思所想分享给他人。也正是这些交流,在我心里描摹出了"好人"的样子:尽心尽力地去帮助他人。乡村支教、探望孤寡老人、组织募捐、民生调研、文化传承实践……听着同学们的故事,我才意识到,有很多事可以去做,能够去做。只要我愿意,就可以大干一场。

后来,我开始留心身边人的需要,尝试着主动提供帮助。我填写了支教团的申请表,想为乡村的孩子做些事;我还和三五好友一起做项目,尝试去参加一次创业大赛……我想去舒适圈外面看看,想去体验"好人"的生活和世界,那里有太多我不了解的,也有太多吸引我的。

现在回想起当初为什么能通过成仿吾英才班的面试,我心中隐约有了答案:向上向善的好人并不是样样精通的完人,当那个"不坏"的我走出舒适圈,怀着一颗向上向善的心去做有益于他人的事时,即使能力有限,离"好人"也不会太远。

"力争做一个向上向善的好人,如果不能,那一定要做一个不坏的人。"经历了成仿吾英才班的学习后,我对这句话渐渐有了不一样的理解。其实,所谓"好人"就是内心善良、积极向上的人,他们即使在"力不能及"的时候也会想着去帮助他人。这样的人离我们并不远,更不是我们难以企及的,我们每个人都能做到。虽然还有很长的路要走,但很庆幸,我正在为做一个向上向善的好人而努力着!

(文/李梓杰)

追随光,靠近光,成为光,散发光

第一次听闻成仿吾英才班,是在学院国家奖学金答辩会上。一位学姐阐述了自己在成仿吾英才班的经历与收获。当时我才大一,初来乍到,从未想到过自己会与这样一个特别的班级产生联系。

第二次听闻成仿吾英才班,是在图书馆的走廊上。我倚在栏杆上喝着水,听到身后走过来的两个男孩子说:"哎,成仿吾英才班要开始报名啦!你去不去?"他的声音离我越来越远,远到另一个男孩子的回答声音过于模糊以致我没有听清,但是这个班名却留在了我的脑海里,久久难以散去……

第三次听闻成仿吾英才班,是在青春山大的官网上。我看到了第六期成仿吾英才班的学员招募通知,随着鼠标轻轻滑动附件上的报名表,情不自禁地，我点击了下载键。

第四次，我拿着面试的报名表，站在了“仿吾”学堂的门口。这一次，我不再是听闻，我看见了，看见了“仿吾”学堂这四个金色的明晃晃的烙字。

“三号郑翊琳准备”，面试工作人员在门口喊道。我踏进了那扇门，面对五位面试老师，讲述着在脑中背诵过几百遍的自我介绍。

再后来，我成功入选了成仿吾英才班！记得那天，我开心地请全宿舍喝了奶茶。

在成仿吾英才班学习生活的这段时间里，我最大的收获就是明白了“不打无准备之仗”的道理和拥有了“迎难而上”的决心。

记得第一次选班级委员会的时候，董祥宾老师让我们准备好五分钟左右的自我介绍和竞选宣言。一开始，我非常纠结是否竞选，一方面是觉得成仿吾英才班高手云集，怕自己“关公面前耍大刀——自不量力”，另一方面是觉得自己根本不可能成功，自我否定。万般纠结之下，我把我的烦恼告诉了父母。他们不以为意，打趣我说输给精英中的精英有什么好丢人的，殊不知这无意的一句话竟给了我勇气。

我开始疯狂准备竞选稿，一遍遍地练习自我介绍。或许是上天的眷顾，奖励我这个总爱退缩的女孩第一次敢于“向前迈进”，我竞选成功了。

在之后的学习生活中，当我看到那些从前只在网络上看到的教授和我面对面侃侃而谈时，当我看到优秀的同学们浑身发着光表达自己的想法时，当我每次和他们聊天都能打开新世界的大门时，我意识到了靠近光的意义。这束光不仅照亮了前方的路，让我看到世界的广阔，还洒在了我的身上，让我的周边也充盈着光芒。

“追随光，靠近光，成为光，散发光。”这便是我与“仿吾青马”的故事。

（文/郑翊琳）

第二话|微光成炬，共书华章

学堂情，书华章

盼望着，盼望着，怀揣着对马克思主义的敬仰与热爱，我有幸加入了山东大学第六期成仿吾英才班。30位同学聚在一起，相互交流支持，共同拥抱成长，用深深的“仿吾”情谊书写独属于我们六期“仿吾”人的精彩诗篇。

学理论事，勤学善思

什么是“仿吾”情？是永不缺席的课堂，是专注学习的相伴，是交流讨论的碰撞。堂堂“仿吾”课，春风化雨；期期读书会，润泽心田。

犹记得开班第一课，张士海院长从三个维度带领我们整体把握马克思主义，思路之清晰如拨云见日，为对学习马克思主义存有颇多疑惑的我指明了努力的方向。徐国亮教授带领我们“学习习近平总书记治国理政的哲学思维”，让我在用哲学思维指导现实生活方面获益匪浅。印象最深刻的是蔡卫忠教授以《民法典》为切入口介绍中国法治的建设与完善，蔡教授讲解的法哲学与民法学的相关知识让我激动不已。在青年导师见面会上，每一位老师都结合自身的教学经验和求学经历给我们提供了实用的学习方法和建议，让我们受益良多。我们在蒯正明教授的课上学习伟大建党精神，交流自己对传承红色基因的认识。在韩萌教授的引导下，我们学习了习近平总书记关于教育的重要论述，在学科交叉中拓宽人文视野，也尝试对教育热点问题进行思考。黄广友教授和我们一起回溯马克思主义的传播与中国革命新航路的开辟历程。我们开展马克思主义经典著作读书会,大家畅所欲言,各抒己见,享受思维碰撞的快感,不断形成新的灵感与启发……

若问我在"仿吾"的课堂上收获了什么？我想说,是系统深刻的科学理论,是可行有益的思维方式,是广博厚重的学科知识,是思考交流的锻炼机会。在学习之路上,我渐渐理解了新时代中国共产党的历史使命,逐步感悟到当代青年在实现中华民族伟大复兴征程中的时代担当。

知行合一,躬行实践

什么是"仿吾"情？是知行合一的约定,是躬行实践的选择,是相伴而行的关怀。

犹记得那次莱芜之约,我们携手寻访红色足迹。

在老师的带领下,我们赴莱芜开展暑期实践活动。我们在中共山东省工委参观学习,认真聆听莱芜战役专题讲座,欣赏红色影片,开展红歌比赛。我们前往中共山东省工委旧址党性教育基地进行参观,通过珍贵的历史资料和解说员娓娓道来的讲解,重温山东省的建党历史,缅怀刘仲莹同志等革命烈士伟大的一生。

通过三天的实践之旅,我们感受到了理想信念的无穷力量以及共产党人的革命精神,深刻理解了"知史爱党,知史爱国"的真正含义。

犹记得场场青春宣讲,"轻骑兵"汇聚奋进力量。

在成仿吾英才班"轻骑兵"宣讲团第一分队中,我以"为人类谋进步,为世界谋大同——推动构建人类命运共同体"为主题,在一场场宣讲中带领听众在历史洪流中感受先贤智慧,立足实际体悟科学理论的丰富内涵,并从多个角度回溯党的十八大以来我国秉承人类命运共同体理念取得的巨大成就。在和"仿吾"伙伴们的交流合作中,我获益匪浅。"仿吾"让我有机会强信念、广见闻、知不足、得历练,在宣讲中得到感悟,在感悟中不断提升。

怀感恩之心,思创新之法,行青春宣讲,悟伟大精神。什么是"仿吾"情？是一年的时光,是四季的陪伴,是 30 人的约定。我们总会记得,有一群少年,身着"仿吾"红衫,欢笑和歌声在山林间飞扬,眉眼间尽是自由潇洒的少年意气,熠熠生辉,光芒万丈。

“志合者,不以山海为远;道乖者,不以咫尺为近。”我们以后会在自己的人生路上各奔东西,但那一份深深的“仿吾”情谊总能让我们互为知己、遥以心照。“追风赶月莫停留,平芜尽处是春山。”且让我们以青春做笔,情谊做墨,共书“仿吾”华章。

(文/刘一玮)

“仿吾”情缘,逐梦“青马”

成仿吾英才班犹如一盏明灯,指引我前进的方向。

时光的沙漏里,细沙流走的是光阴;淡淡的檀香里,袅袅燃尽的是光阴。光阴荏苒,参加成仿吾英才班选拔面试的情景还历历在目,然而为期一年的学习与实践已在不知不觉中悄然过去。回想自己来到成仿吾英才班学习的初衷,更坚定要珍惜这段“仿吾”情缘,在“青马”草地上跃马扬鞭。

记得最早接触成仿吾先生还是在中学的课外阅读上,先生所著的《战火中的大学》和《长征回忆录》给我留下了深刻印象。有理想、有担当的进步人士总能形成先进组织,即使是在战火纷飞的年代,爱国进步人士也从来都不惧怕挫折,他们振臂高呼,为民请命,是中华民族的脊梁。共产党人就是先进组织里的进步人士,他们坚定信仰,艰苦创业,团结任何可以团结的力量,从北伐战争到土地革命,从抗日战争到解放战争,始终奏响的是人民胜利的凯歌。渐渐地,追求进步、追求真理的种子便在我心中萌芽。

故事进展得很快,自打初入大学了解到成仿吾英才班这一特色班级后,我就迫切期望能够加入其中。在面试选拔上,还记得我与三位评委老师一起探讨对马克思主义理论的认识以及中国化的意义,讲到兴奋之处竟一时忘却还在面试过程中。很幸运能够通过第六期成仿吾英才班的选拔。

阿房宫和华清池都已片瓦不留,李杜的名句和老庄的格言却一字不误地镌刻在每个人的心里。世上延绵最久的还是非物质的思想与精神。何其所幸，在成仿吾英才班能有机会接受厚植马克思主义理论的学术名家面对面的言传身教，不断学习新思想新理念，提升素养、开阔眼界。蓦然回首，徐国亮教授讲授"世界百年未有之大变局"的情景历历在目，徐国亮教授指出了历史发展趋势，强调"平凡孕育伟大，英雄来自人民"的建设社会主义的力量，对青年一代之后浪提出殷切期盼；蔡卫忠教授讲授"中国法治建设和完善历程"的内容常在耳畔回响，蔡卫忠教授指出全面法治是功在当代、利在千秋的历史伟业，对当代青年推动我国法治建设寄予新的希望；郑敬斌教授讲授"青年价值观的变迁"历程总在脑海中荡漾，郑敬斌教授强调新青年要敢于立大志、明大德、成大才、担大任，赓续红色革命传统，坚决抵制腐朽文化入侵，为青年学子树立正确价值观念和良好精神风貌。巴尔扎克说："呼吸不到思想活跃的空气，不接触日新月异的潮流，我们的知识会陈腐，趣味会像死水一般变质。"正是在成仿吾英才班里接受的思想洗礼和精神熏陶让我在迷茫困顿的时刻明确了人生的目标和方向，不忘初心，砥砺前行。

"立志宜思真品格，读书须尽苦功夫。"天才如李白，是源于"五岁诵六甲，十年观百家"的积累；妙笔如杜甫，是坦言"读书破万卷，下笔如有神"的诀窍。何其所幸，在成仿吾英才班能有机会与学识渊博的董祥宾老师、与来自各个学院不同专业的佼佼者共同"句读"马克思主义经典著作，感悟伟人的智慧，明确肩上的责任。我们通读二十大专题报告、《习近平谈治国理政》，领悟党和国家的发展需要，不断压实主体责任；共读《费尔巴哈提纲》《共产党宣言》，坚定社会主义必然胜利、资本主义必将灭亡的信念，将信仰付诸实践；品读《反对本本主义》《实践论》《矛盾论》，感受实践出真知的内涵，任何理论都需经历实践的考验才能经得起推敲。每每翻看同学们分享的学习感悟和读书经验，总会将现实的镜头拉回共同品读过的字里行间，我们从书中来，带着灵魂和知识勇毅前行。

"夫良玉未剖，与瓦石相类；名骥未驰，与驽马相杂。""读万卷书，不如行万里路"，真正的红色革命精神与优良传统还需实地切身体会。我们从济南出发一路向东前往莱芜红色革命圣地，去中共山东省工委旧址党性教育基地、莱芜战役纪念馆，观看历史遗物资料，接受红色主题教育；去和尚洞中共莱芜县委成立大会遗址，缅怀先烈，培育红色革命精神；去观看红色电影，感悟一代人有一代人的长征，一代人有一代人的担当……"仿吾"学子在实践中学思并进，用脚步丈量祖国大地，用眼睛发现中国精神，用耳朵倾听人民呼声，用内心感受时代脉搏，走好自己的长征路，做好新时代的答卷人。

而"仿吾"情缘给我种下了一颗信仰的种子，"仿吾"征程就是这颗种子的沃土。这颗种子正在生根发芽，也必定在新时代中绽放结果！

（文/赵书振）

相信时间，相信青年

如果问我进入山东大学以来最幸运的一件事，我想那大概就是与优秀的同学相遇于成仿吾英才班。如果用两个词语来概括我的"仿吾"生活，那应该是"力量"与"方向"。

微小的光芒永远向着热烈的中心汇聚。在成仿吾英才班的学习中，每一场讲座都让我们有着不一样的收获。每一次课程前，我都充满了期待，而每一堂课的收获也都让我激动万分。惊喜总是来得猝不及防，不管是看起来高深莫测的哲学理论，还是漫长的发展历史，老师们总是能将这些知识用通俗易懂的语言娓娓道来。在这里，我透过成仿吾英才班的大门，感受到了马克思主义的魅力与光芒。在每一堂课的学习中，我收获的不仅是理论知识，更是思考的能力。理论赋予了我们力量，在成仿吾英才班中，思维的光芒开始闪烁，汇聚成属于我们自己的光明。

微小的光芒总是相互吸引并迸发向上生长的力量。在成仿吾英才班，我从来不会感到孤独，因为我不仅有知识陪伴，更有优秀的同伴给予前行的力量。在理论的世界中，有老师为我开启大门，有同伴为我助力。他们分享自己的收获与感悟，并进行讨论与交流，让思维擦出火花，带给我很多的启发。在聆听与交流中，我听到思维碰撞的鼓点，看到微小光芒正努力凝聚在一起，发光发热。

不知不觉，已经在成仿吾英才班走过了一年的旅程，但回首我与"仿吾"

的故事，不仅是一场场知识的盛宴、一次次思维的碰撞，还有“仿吾”那如家一般的温暖。永远忘不了初识成仿吾英才班的那一天，在踏入“仿吾”学堂前，我在脑海中思考了几十种见面的方式，有忐忑、有紧张，但更多的是激动与兴奋。在见面的那一刻，大家灿烂的笑容、热情的接纳，更让我觉得我们彼此并不是陌生人，而是素未谋面的朋友，因为冥冥之中的缘分而在一个世界同频共振，这个缘分便是对知识的渴求、对马克思主义永远的追寻。

理论的力量让我们能够用言语表达我们的思想，实地的探寻让我们能够亲手触摸历史的脉搏。在赴莱芜的实践教学中，我们身临其境，倾听历史的回音。一件件斑驳的旧物，一幅幅动态的影像，让我切实感受到了党发展的艰难历程，感受到了共产党人的伟大精神。岁月静好，是无数英烈替我们负重前行。在此之前，谈起建党历史，我脑海中也仅仅只是一些零散的文字和数字。站在历史的场馆中与革命先烈对话，感受他们短暂而壮烈的一生，我看到了精神的意义与价值。生活在一个幸福的年代，我们当思来之不易，更应继承红色革命精神，用青年的声音回应英雄先烈的期盼。百余年前，李大钊先生曾这样激励青年：“青年之字典，无‘困难’之字，青年之口头，无‘障碍’之语；惟知跃进，惟知雄飞，惟知本其自由之精神，奇僻之思想，锐敏之直觉，活泼之生命，以创造环境，征服历史。”[①]靠什么征服通往梦想的火焰山？拿什么安放我们心中如火的激情？奋斗，唯有奋斗。“冀以尘雾之微补益山海，萤烛末光增辉日月。”作为青年，我们有力量、有底气，更会去奋斗。

微小的光芒不断壮大，终汇聚成青春的姿态。在五四青年节之际，我以一名“仿吾”青年的身份，有幸参演了情景音乐剧《强国一代有我在》。透过百年时光，我们从先辈们的目光中回望，看到了新中国成立前无数革命先烈抛头颅、洒热血，一腔热血为了中国的繁荣昌盛。跨越时空，今天我们可以骄傲地告诉他们：“先辈们，你们的鲜血没有白流。如今的中国，伟大的新中国已经站起来了，她屹立东方，傲立于世界民族之林。”百年大党，风华正茂。新时代的中国朝气蓬勃，站在新的历史起点上，作为后辈，我们继承先辈的期许，奔向未来，充满自信，意气风发。“祖国的未来，有我”是我们“仿吾”青年永恒的回答。

---

① 中国李大钊研究会编注：《李大钊全集》第 1 卷，人民出版社 2013 年版，第 330 页。

成仿吾英才班的学习即将结束，但我们的故事还会继续。我有幸遇见学识渊博的老师们，有幸与优秀的同学们相逢。在这里的时光是我最难忘、最骄傲的经历。未来，我将带着成仿吾英才班赋予我的力量，向着成仿吾英才班为我指引的方向前行，走出一名“仿吾”青年的青春之路。

（文/宋梓宁）

行合趋同，千里相从

“这位同学，请问你为什么要加入成仿吾英才班？”

面试官的话音刚落，脑海中无数个往昔的镜头似飘絮般在脑海中荡起。“因为我本人非常喜欢参加一些实践活动，但是在这么长时间的活动中，我发现我存在一个巨大的问题：我的实践活动缺乏理论指导，对于很多与理论相关的话题，我更是无法理解。这使得我在实践过程中受到了极大的限制，我想补齐我的这个短板，所以我来到了这里。”

于是一段关于我与成仿吾英才班的故事就这样开始了……

在“仿吾”，我学会了互相学习。从小学开始，我便养成了凡事力争第一的习惯。成功入选成仿吾英才班的我，更是认为自己比别人优秀许多，有一种舍我其谁的“自大”。但是，我的心态在同大家见面的第一天就发生了转变。初入学堂，我便被屋内活跃的气氛所震惊。“你好！我是××，你是××吧！你设计的作品真的超级棒！”好像这个屋子里的每一位同学都有一双能够发现别人优点的慧眼，并且能够充分学习他人的优点。这里的同学各有所长，却又互相欣赏。我忽然意识到，真正优秀的人从来不会因为自己的才能而轻视他人。相反，他们总是很谦虚，善于向他人学习，因为只有这样才能收获更大的成长。

在“仿吾”，我学到了理论知识。从第一堂课了解马克思主义对我们的重要性开始，我们陆续开展了一系列理论课程。我们通过学习习近平总书记治国理政的哲学思维，不断完善个人素质；我们通过认识中国的法治建设，来树立法治思维、增强法律意识，力争做一名知法、懂法、守法、用法的新时代青年；我们比较不同年代青年人的个性特点及价值观变迁，更清楚地认识到新时代青年人的责任与使命。我明白，每一节理论课的成功开展，都离不开名家名师的精心打磨。他们让黑白的文字变得极为灵动、缤纷和活跃，让抽象的理论跃动成我们内心的思想，成为我们认识世界、改造世界的力量。

在"仿吾"，我能够投身实践。"纸上得来终觉浅，绝知此事要躬行。"我们利用假期时间前往济南市莱芜区开展暑期实践教育教学活动。在实地考察的过程中，我们深切地感受到了革命前辈开创伟业的艰辛与不易，充分了解到了党和国家在中国特色社会主义事业建设过程中面临的考验与挑战，清醒地认识到了党和国家对我们青年一代的殷切希望。我们组织"二十大宣讲"活动，综合利用志愿服务经历、校友资源、家庭社会资源，链接南北方、多机构、多学校、多社区，将党的二十大精神与生活实际紧密结合，播撒在百姓生活的方方面面。

"立足校内，面向社会，立足现在，面向未来"，王韶兴教授在成仿吾英才班开学第一课上语重心长地向我们讲述着成仿吾英才班的发展方针。只有打好理论"地基"，我们的实践"高楼"才能屹立不倒。通过"学"与"干"的高效结合，我们得到了深入学习与躬身实践的机会。

回顾我与成仿吾英才班的点点滴滴，真的满怀关切，犹念恩师的谆谆教诲，犹念同窗的倾囊相助，我想我是幸运的，更是幸福的。

信念如磐，初心如故。青年人要把青春播撒在民族复兴的征程上，把光荣镌刻在历史行进的史册里。我们"仿吾小青马"必将齐头奋进，不待扬鞭自奋蹄，在实现中华民族伟大复兴的征程上肩负起青年人应有的责任与史命。我们"仿吾小青马"定将不辜所期、不负所望，努力学习马克思主义理论，不断提升能力本领，力争成为走在时代前列的奋进者、开拓者。

（文/王文秀）

回首相思处,却顾所来径

多年以后,读到成仿吾先生,我都会想起和同窗共聚“仿吾”学堂的那个下午。

那天,我刚刚完成最后一篇课程论文,本疲惫不堪,但所有的疲倦又被期待与兴奋一扫而空,因为即将要启程去莱芜开展社会实践。对我而言,这是一次难得的机遇。优秀同窗荟萃一堂,红色教育生动立体,这是成仿吾英才班最吸引我的地方。山林苍苍茫茫一片青翠,溪水涓涓流淌晶莹碧透。唱山歌、党性教育、遥望和尚洞、领导力培训、参观中共山东省工委旧址……短短三天,我们好像来到了一个世外桃源,静心修身、磨砺心性。临别那天,我们一起从坡道走下,万山绿丛中那一抹红最是亮眼。夏日冗长烦闷,蝉鸣聒噪,可是一团火红却赋予了长夏无比鲜活的生命力。我想,我们走过的那条下坡道,王仲荦等同志也一定踏过。他们也曾是微不足道的小火苗,可是,点点星火,却终能四散燎原。我只感叹时间流逝得太快,多么期待下一次重逢。

盼望着,盼望着,季夏一过,便又与成仿吾英才班诸君齐聚一堂,切磋学问,零距离聆听名家学者的教诲。一批学术大牛先后为我们带来一场场学术盛宴,可谓大咖云集、干货十足。每逢这个时候,我都会为自己能够加入成仿吾英才班而感到无比荣幸。如果要用两个词语来描述成仿吾英才班的课程,那我觉得“学理的”和“感受的”再合适不过。老师们的授课涉及古今中外、旁征博引,他们总是能从经济、政治、社会思潮等不同角度入手,深入历史逻辑,从缘起讲到具体内涵,再将授课内容从历史语境中提炼出来,放置到新时代语境下,抽丝剥茧,观照当下。最后,老师们还能贴合实际,高屋建瓴地给出启示,为我们的发展亮起一盏明灯。老师们的话语铿锵有力,极大鼓舞了正处于价值观塑造、成型时期的我们。他们的讲座,毋庸置疑是学理的。“三人行,必有我师焉”,除了学者名家,我身边的同窗亦是我的“朋辈导师”。支教体验的分享、思政课的敏锐观察等，同学们常常能够从感性体验入手，最后又都能给出学理的分析，可谓“入乎其内，出乎其外”。此外，班主任董祥宾老师谈历史人物评价和当今舆论问题，由古及今，鞭辟入里。他的提醒也让我意识到了在看问题时要有“立场原则”，让我以后在分析问题时能在一定程度上“去主观化”，知其所以然才能更加坚定地付诸实践。

社会实践，我们重走先辈来时路，在躬身实践中提升境界；名家讲授，我们享用学术饕餮盛宴，在理论学习中淬炼党性。可是如果只有这些，那还不能称为成仿吾英才班。成仿吾英才班的另一大特色在于，它提供了让我们自由生长的土壤：读书会。读书会提供了一个畅所欲言的场所，大家阅读马克思、恩格斯原典著作，在课上介绍分享，相互补充、共同进益。每位同学都有自由发言的机会，也能和来自不同专业的优秀同学进行交流，产生思维碰撞的火花。经典是耐得住反复咀嚼的，我即使早已读过诸如《共产党宣言》这类名篇，也能在一字一句的重读、在倾听其他同学的分享时获得新的发现与感悟。纵使我们的理论学养并不深厚，知识运用并不准确，班主任董祥宾老师总是会从不同的角度肯定我们的发言，鼓励我们去大胆表达自己的见解。他的谦和儒雅与循循善诱无疑让我们信心倍增，从而能日有所进。

时光荏苒，在成仿吾英才班的学习终将画上句号。也许过上 10 年、20 年、50 年，我们早已遗忘当年在成仿吾英才班所学的具体知识点，可是永远会记得在 20 岁的年纪里有过这样一段特别的际遇，和优秀的人一起做有意义的事。我深信，正道之光、真理之光永不过时，会历久弥新。在成仿吾英才班的所思、所学、所悟，会一直激励我踔厉奋发、笃行不怠。

（文/徐荣先）

此后锦书常寄,不语两相知

亲爱的成仿吾英才班:

见信如晤!疫情的阻隔让我们许久未在线下相见,我万分思念。春暖花开之时,我们便能再聚校园,你是否和我一样期待那一天?

回想起我们第一次相遇,仿佛就发生在昨日。新生报到那一天,我走错了路。路过你的门前无意一瞥,一颗好奇的种子就在我的心里埋下。往后的日子里,我和你无数次邂逅:学长学姐口中不经意的一句话,升旗仪式时领读同学胸前的徽章,都让你的名字——成仿吾英才班深深刻进我的脑海。我想,缘分就在这些点滴间悄然而至。

在你的身上,我感受到了“青春”。走过六载岁月的你,褪去稚嫩,渐渐成长。你迎来一届届新的学生,他们和你一样充满着青春的力量。在课堂上,我们对知识充满渴望。无论酷暑还是寒冬,我们总是早早来到课堂,期待与你见面。我们格外珍惜每一分每一秒,把你说的话满满写在纸上、满满写进心里。课上的我们认真听讲、虚心学习;课后的我们积极思考,踊跃发言。我想你一定记得,因为大家过于热情,预定好的课后讨论常常超时。我们忘了时间,忘了还在咕咕叫的肚子,尽情享受知识带给我们的快乐。每每这时,你总是静静地敞开怀抱,陪在我们身旁。

在课堂外,你作为纽带,把同学们紧紧团结在一起。我们来自不同的学院,有不同的专业背景,而你让我们擦出了全新的火花。我们知而行、知行合一,将青春的朝气带出课堂,带到生活中去。是你教会我们自觉担当尽责,发挥青年力量。我们积极宣传党的二十大新思想、新内容,广泛传播马克思主义。你是由这样年轻的我们组成的,你将永远清澈而明亮。

在你的身上,我感受到了传承。岁月更迭,学生各有不同,但思想代代相传,精神一脉相承。遇见你之前,马克思主义理论对我来说是深奥且陌生的。但何其有幸,我能遇到众多名师,我从他们身上学到了很多。他们风趣幽默，深入浅出地讲授马克思主义理论。他们高举真理的火炬，为我照亮学习的道路，他们让我明白了马克思主义理论就在我们的学习和生活中，能够指导我们的学习和生活。

除了思想的传承，我更见证了精神的传承。记得初读完《共产党宣言》，我热血沸腾，迫不及待地跟上一届同学分享了自己的认识。出乎意料的是，他竟和我有同样的感悟。与此同时，他还结合自己的学习经验，向我推荐其他阅读材料，并且鼓励我保持热情，深入学习。在他身上，我看见了马克思主义信仰者、传播者、践行者的影子。正是"仿吾"人一代又一代的传承，你的精神才永不褪色。

在你的身上，我感受到了信仰。是你用实际行动，带领我感受到了信仰的魅力。我在老师们的眼中看到了信仰。他们站在讲台上不仅教授知识，更是将信仰的种子播撒进我们的心中。他们从理论出发，教会我们认识世界、批判世界；他们立足信仰，教会我们青年立志、修学储能。

在同学们的身上，我也看到了信仰。在网络上，他们会回击历史虚无主义言论；在现实中，他们会在国家公祭日为英雄驻足默哀；在课堂上，他们热烈讨论如何让马克思主义理论落地生根；在课堂外，他们深入基层宣传习近平新时代中国特色社会主义思想。这些，你一定看在眼里，你一定会为我们骄傲！

与你相处的每一天都值得我永远纪念。我记得那些轻松愉悦的课堂、热火朝天的讨论；我记得和蔼可亲的老师、志同道合的同学；我记得你带我遨游于真理的海洋，给我打开一扇新的天窗；我记得你带我走出课堂、走向田野，去感悟先辈们的荣光。这些美好的回忆，永远闪耀在时光的长河里。

亲爱的成仿吾英才班，我有太多话想要对你讲。寥寥数语怎能书尽我的感激，薄薄信纸怎能承载浓浓深情。有一天我们终将分别，但我们相处的时光永刻心间。我会带着你的精神、你的期望，昂首阔步地走在中华民族的复兴之路上。"仿吾"人所到之处，皆有你的身影！你的生命永远年轻，你的精神长存我心！

此致

敬礼！

（文/程佩璇）

第三话｜百舸争流，奋楫者先

山回路转不见君，雪上空留马行处

在山大南路27号的日子仿佛被安上了加速器，转眼之间，来到这所园子已经一年有余。在中心校区的时光，由许许多多的瞬间构成，比如军训结束的瞬间、百廿校庆晚会的瞬间、拿到奖学金的瞬间、获得各项荣誉的瞬间，以及得知入选成仿吾英才班的瞬间。

我仍记得那个初春的下午，"仿吾"六期的新同学们齐聚"仿吾"学堂。在稍显紧张的气氛里，大家通过自我介绍和聊天，小心地缩短彼此之间的社交距离。等听完全部同学的自我介绍，我深感大家履历的丰富和成绩的优异，并觉得主动选择第一个进行自我介绍仅是空有胆量而无才能，像是李贽说的"空有其胆而无其才，则不过冥行妄作之人耳"。那天见面会结束后，我久久不能平静，不仅是因为结识了在不同专业里极为优秀的朋友，更是因为对成仿吾英才班未来的学习充满期待。

成仿吾英才班的学习采用"讲座＋实践"的形式，每两周会举行一次与马克思主义理论主题相关的讲座，暑期会组织外出实践学习。该怎么描述成仿吾英才班的读书学习给我带来的极丰富的思考呢？曾经把山大法学作为第一志愿的我，在蔡卫忠教授民法典主题讲座上收获颇丰，除了学习到与我们生活息息相关的法律知识外，我还感受到了民法典的庄严以及充满的人性的温度。我不禁想起我准备山大法学招生面试的那段经历。那时，埋头苦读三年的我刚刚从高考的重压之下解脱出来，在承受着高考失利带来的巨大精神压力下，转身投入深奥严密的法条学习中。虽然辛苦，但自由学习法律知识的快乐能够给予我极大的精神满足。如果没有成仿吾英才班的平台优势，恐怕我很难参加如此高质量的民法典专题讲座。除了专家讲座，我们还开展了经典著作读书会、理论学习等多种形式的活动。我们一起阅读了《共产党宣言》《实践论》等经典，在课上分享了自己在阅读时制作的思维导图，一起交流了阅读后的感悟。比如在《实践论》的经典阅读课上，我和大家分享了我的阅读感受，我认为在学习知识的过程中，其实就已经很好地体现了从实践到认识并且认识不断发展这一过程。我们学习前人通过实践获得的直接经验，间接学习那些已经经过实践检验但并不能保证是真理的知识，一代代人在持续变化的社会实践环境里不断检验着这些认识，并且建筑、修补、推翻、重新建构、再完善着人类文明历史上的高楼大厦，这使得人类文明臻于完备，每个生命都有无限的探索世界的机会与可能。人类在这种绝对的机会平等之中得以舒展灵魂，于是有了文明。

“自古圣贤之言学也，咸以躬行实践为先，识见言论次之。”“纸上得来终觉浅，绝知此事要躬行。”除了理论学习，在成仿吾英才班的学习过程中，最让我难忘的便是2022年暑期赴莱芜区的实践教学。在莱芜，我们前往中共山东省工委旧址党性教育基地进行参观，去中共莱芜县委旧址、和尚洞实践，认真听取了莱芜战役专题报告。大家在晚间一起观看了红色电影，并进行了团建。回校前，我们和“仿吾”五期的学长学姐一起举行了红歌合唱赛，山间回荡着我们嘹亮的歌声。

行文至此，关于成仿吾英才班的回忆，在我脑海中如电影般放映了一遍又一遍。刚进大学时，曾在朋友圈看到一位“仿吾”四期的学长分享“仿吾”经历，那便是我“仿吾”情缘的起点。很有幸我进入了面试，在了解到成仿吾英才班的录取比例后，我也曾对自己能否被录取感到灰心，没想到后来在录取名单上意外看到了自己的名字。通过成仿吾英才班，我认识了很多朋友，我们从拘谨到无话不谈。在成仿吾英才班上过的一堂堂课，不仅一页页留在我的“仿吾”笔记本上，更印在了我的心里，使我对马克思主义的信仰愈加坚定。刚步入成仿吾英才班时，我对中国共产党的历史以及马克思主义理论的了解极为浅显，通过近一年的学习，我从理论与实践的维度认识到了马克思主义的基本立场、观点和方法，并且更加坚定了为人民服务的初心。2022年暑期，我在中共桓台县纪委监委纪检一室实习，纪委领导曾经在会上问过我们本次参与实习的四名大学生未来的规划是什么,会不会继续从事纪检工作。我的回答掷地有声:未来我会从事纪检相关的工作,我将始终坚持为人民服务的价值理念,只要组织有需要,我随时准备着。我的回答得到了领导们的赞许,我只不过是完整地表达了我内心最真实的想法而已。我的父母希望我能做一名始终为党和国家事业付出的人,我的初心也正是如此。作为成仿吾英才班的学生,我定会始终昂扬向上,坚守初心,坚定信仰,矢志不渝。

“山回路转不见君,雪上空留马行处。”岑参用平淡质朴的语言表现了将士们对战友的真挚感情,含蓄隽永。行文至此,我在成仿吾英才班将满一年,结课时分将至,我也即将变成第七期成仿吾英才班学员们的学姐。感恩能够有幸进入成仿吾英才班学习、体验,很幸运能够认识一群十分优秀且积极向上的朋友,我们之间有过许多美好的回忆,比如莱芜,比如每个周六上课的下午。我也会学着第五期学长学姐的样子为七期“仿吾”学弟学妹答疑释惑。我虽即将离去,但那颗心永在,因为我会一直有个身份——“仿吾”学子。

(文/朱肖宇)

天涯海角有尽处,“仿吾”情深无止期

怀揣着对马克思主义的热爱与敬慕,我有幸加入了第六期成仿吾英才班这个温暖的大家庭。

思想碰撞,闪耀智慧光芒

“仿吾”课堂上,一场场深刻生动的讲座,犹如一场场降落的“及时雨”,使马克思主义理论春风化雨般浸润着“仿吾”学子的心田。从习近平总书记

治国理政哲学思维到中国法治的建设与完善，从马克思主义的当代价值到弘扬伟大建党精神，我们深刻学习着马克思主义理论知识，理解了新时代新征程中国共产党的任务使命，明白了新时代的青年在实现中华民族伟大复兴中的责任与担当。

徐国亮老师曾在讲座中提到："我们的眼光并不局限于当下，我们要从全局出发思考中国的未来。"每每想起这句话，我便心生澎湃。作为一名国际商务专业的学生，我深知，世界上没有哪一个国家像中国一样能在如此短的时间内取得如此大的成就。而这每一次辉煌成就的取得都离不开中国共产党的正确领导和人民群众的拥护与支持。当下，百年未有之大变局加速演进，世界之变、时代之变、历史之变的特征更加明显，中国迎来了全新的机遇与挑战。作为社会发展的主力军，我们要紧跟时代步伐，牢记初心使命，将个人前途与国家命运紧密相连，以强国之姿、奋斗之态跑出新时代的圆梦"加速度"。

以史为鉴，照亮前行之路

2022 年暑期，我前往济南市莱芜区进行研学。通过中共山东省工委保存的珍贵历史资料以及现场解说员生动的讲解，我们重温了山东省建党历史，缅怀刘仲莹同志革命的一生；和尚洞下，望着巍峨的山脉，我们仿佛听到了先辈的呼唤，感受到了他们的教诲。

20 世纪二三十年代，在严峻的斗争形势下，中共山东省委屡遭破坏，以刘仲莹、赵健民等为代表的共产党人满怀对党的无限忠诚，始终坚持斗争、执着找党。在历经九死一生、找党未果的情况下，这些信仰坚定的共产党人，冒着生命危险，毅然决定自主成立中共山东省工作委员会，承担起领导全省党组织的重任，实现了山东革命事业在危急关头的一次伟大转折。

历史是最好的教科书，党史是最好的营养剂。革命先辈们找党、信党、为党的艰难历程和感人故事，彰显了伟大建党精神，是我们永恒的学习榜样和珍贵的精神财富。接过时代的接力棒，吾辈青年应当自觉肩负起民族复兴的历史重任，使命不移、乘胜追击，以永不懈怠的前进姿态，在实现中华民族伟大复兴中国梦的征程上接续奋斗，努力创造无愧于历史、无愧于人民、无愧于时代的崭新业绩！

知行合一，书写青春担当

百年建设历程硕果累累，新世纪创业道路前程锦绣。在新时代，我们的使命光荣、任务艰巨。“胜利不会向我们走来，我们必须自己走向胜利。”是啊，前进道路从来不会是一片坦途，会面临各种重大挑战与风险。但正因如此，我们新时代青年更要肯吃苦，敢担当，勇拼搏，做为实现中华民族伟大复兴而不懈奋斗的实干家。

理论不是束之高阁的，而是用来认识世界、改造世界的，是用来指导我们前行、指导我们实践的。对于“仿吾”学子来说，我们不仅要自己真懂、真学、真信、真用马克思主义理论，还要呼吁更多的青年朋友加入思想学习与行动中来。无论是成立“轻骑兵”宣讲队，宣讲党的二十大精神，还是调研非物质文化遗产，保护民族优秀传统文化，“仿吾”学子始终坚持用脚步丈量祖国大地，用心灵感应时代脉搏，用真情回馈广大社会，将党的声音传递给更多的人。

中华民族从近代的深重苦难中走来，正走向伟大复兴的光明前景。这一路上，没有教科书，更没有现成的答案。我们的成功道路是中国共产党领导人民独立自主探索出来的，是中国共产党人依靠自身力量实践出来的。信仰、信念、信心，在任何时候都至关重要。身为“仿吾”学子，我们更应当在学思践悟中坚定理想信念，牢记初心使命，勤学苦练，砥砺奋进，以青春之我创造青春之中国！

（文/刘议莲）

节物风光不相待,"青马"红心从未改

新时代画卷气吞山河,新征程篇章气势恢宏。站在"两个一百年"奋斗目标的历史交汇点,我们身后是波澜壮阔的历史,我们面前是喷薄而出的曙光。作为第六期成仿吾英才班的学员,我心中不仅满怀荣誉感,而且深知责任重大。"仿吾"二字,尤深尤重!

"仿吾",继山大之精魂。敢为人先,才能使人"仿吾";行为世范,才有资格让人"仿吾"。这就是对我们的要求,亦是我们前行的目标。"仿吾"精神就是山大精神、山大气魄、山大灵魂,它昭示着山大优良的红色传统和鲜明的时代特征。作为"仿吾"学员的我们,应该自觉地将这种精神发扬下去、继承下去、传递下去。我们要将克己奉公、乐于奉献的精神代代传承,让成仿吾先生与无数山大人的精神永远与我们同在。

"仿吾",承时代之责任。我们有幸生于这样的时代,这样的国家,衣食无忧,手中捧书,心中无愁。青年人不应该只有清风朗月和草长莺飞,更应该主动扛起时代赋予的责任与担当。青年人要立志做时代的弄潮儿,以实际行动践行青春梦、中国梦,用奋斗与奉献点亮人生之火、书写青春芳华。

"仿吾"青年,更要敢于举起时代的炬火。我们在体悟中认识真理,在学思中知行成长。"仿吾"课堂打破了传统的授课模式,采取问题导入、参与互动式教学,让知识以独特的方式传播开来。聚焦实践体验,通过亲身实践来体悟马克思主义的真理魅力,并将所学理论知识运用到实际生活中,让我们学在深处、干在实处、知行合一。学习、体验、实践、思考的紧密结合让马克思主义之光照亮了我们的生活之路、人生之路。

一年的学习即将结束,我们一定会带着"仿吾"的精神和智慧,心有情怀、坚定信仰,脚踏实地、以身作则,不断增强中国人的志气、骨气、底气,力争成为走在时代前列的奋进者、开拓者,让革命薪火代代相传!

(文/季宏甜)

“仿吾”作谱，相遇是歌

依稀记得，打开第六期成仿吾英才班招生通知时，翻阅网页弹出的红色画面和醒目的“马克思主义学院”字样的那一刻，一个工科生的思想理论心弦被重新拨动。也许，是刚迈入大学还没有完全适应新的生活和节奏，我还在人生的关键路口徘徊和迷茫；也许，是接触的课程与高中跨度较大，我还没有找到适合自己的学习方法和模式；也许，是“只身千里客，孤枕一灯秋”的孤独感，我期待结识志同道合的朋友。它的出现就像是在黑暗中透进来的一束光，照亮了我前行的方向。成仿吾英才班，一个像家的地方，我想在这里找到信仰和力量，让我不再迷茫与彷徨，让我摆脱当下的困境，让我看到征途的星辰大海。面向光，我希望着，盼望着……

很快，录取通知公示了。我有幸加入全校只有 30 个名额的成仿吾英才班，成为第六期学员中的一员，激动、忐忑。在“仿吾”学堂里的第一次见面，我与班主任董祥宾老师、其他 29 位同学相识了。他们不仅有着优异的成绩，在班级和学生组织中担任着各类职务，还在各类文艺活动、志愿活动中发光发热。我眼中的他们，每一个人都闪耀着独属于自己的光芒。靠近光，我崇拜着，又惭愧着……

穆如清风

其实在此之前，未知全貌的我对于文科一直是抱有偏见的。从小热衷理科的我，对思想理论并没有太多的喜爱。令我意外的是，从第一堂课起，每一次的“仿吾”课堂都给我带来了全新的认知与体验。我仿佛置身于一个全新的空间里遨游、探索，大口呼吸着新鲜的空气。老师们深入浅出地讲述着马克思主义的知识，书中那些晦涩难懂的字眼变得生动起来，理论和现实也不再是相隔万里。这一切完全改变了我的认识，我开始热爱它了。

"一日不见兮,思之如狂。"我开始期待周六的"仿吾"课堂,积极思考老师抛出的问题,与同学们交流自己的所思所想。辩证法让我不再轻易钻进牛角尖,思考问题更全面、更多维;实践论教会我"纸上得来终觉浅"的奥义,懂得学思并进;通过对《反对本本主义》的学习,我才真正明白要变通、不能按部就班。我翻阅着马克思主义的书籍,去探索给我不一样感受的知识,去感受思想带给我的通透、启发。原来这就是思想的力量!

汲取"仿吾"学堂的精华,我也慢慢成为光,慢慢积蓄能量。

学思并进

回念来到成仿吾英才班的初衷,我想找到信仰,找到能够支撑我走向未来的精神力量。现在,我找到了!我如饥似渴地学习马克思主义基本原理、学习习近平新时代中国特色社会主义思想。马克思主义教会了我用全面、整体、辩证、发展的眼光看待世界、看待人生、看待问题,让我不再像以前一样钻在牛角尖里,让我不再迷茫。我明白了脚下有泥泞的同时更有沿途美好的风景,我懂得了在处理各类问题时要分清轻重缓急,我理解了理论武装头脑指导实践的意义。

梧桐叶上雨,声声是别离。如今成仿吾英才班的学习已接近尾声,我珍惜接下来的每一次讲座,每一次的课堂讨论,每一次的思想碰撞……未来,我会带着在这里学到的知识和思想,更加独立、清醒地奔跑;带着在这里收获的梦想与信仰,向着星辰大海更加坚定、不懈地追寻。发散光,或许我也可以成为别人的明亮。

"山中何事?松花酿酒,春水煎茶。"未来何求?学思并进,征途自明。

(文/刘飞扬)

拾忆学堂，"青马"风采

谨以此文献给我的同窗、青春与信仰。

还记得第一次看见第六期成仿吾英才班招募学员简章时的激动——"以理论授课、基层锻炼、交流访学、人文育人、社会实践等形式为载体……发展一批走在时代前列的奋进者、开拓者，社会主义核心价值观的坚定信仰者、积极传播者和模范践行者。"成为一个走在时代前列的奋进者和坚定信仰者，这不正是我们受教育的原因吗？学思行相结合，这不正是我向往的教育方式吗？

所以，我选择了前往。很荣幸我入选了，但看似耀眼的荣光之下，更多的是那份沉重的责任与担当。与初入"青马"时青涩的我不同，时至今日，我终于能自信地说出这句话：马克思主义之光照亮了我的人生道路，我真切感受到了它带给我的无限澎湃。

"名师荟萃，教导之"

名家引领，理论担当。2022 年 9 月 10 日，是我们的开学第一课。山东大学马克思主义学院院长张士海与山东大学马克思主义学院特聘教授、博士生导师王韶兴为我们举办了一场别开生面的讲座。两位老师对"仿吾"学员提出了殷切希望，希望我们能够矢志不渝地朝着崇高理想奋进，在为党和人民事业的奋斗中创造人生辉煌。此后，徐国亮教授、蔡卫忠教授、郑敬斌教授、蒯正明教授、韩萌教授……先后进行授课。他们春风化雨，让我们在提高理论修养的同时提升着思想境界。

导师聚罗，精神关怀。特有的导师制是成仿吾英才班的又一大亮点。马克思主义学院郭云泽、段光鹏、王晓霞、毕秋四位青年教师是我们马克思主义学习方面的导师，在见面会上他们给我们带来了受益匪浅的分享。他们希望我们能用马克思主义的立场、观点和方法分析现实问题、解决现实问题,做到守正与创新相统一,并制定科学可行的个人发展规划,在追求自己所热爱的有意义之事的道路上披荆斩棘,一往无前。关怀不仅体现课堂上,也体现在课后。老师们亦会亲切地和大家讨论学术、就业、生活等方面的问题,就像明灯散发着暖光,照亮我们前行。

"课外实践,躬行之"

如果说课堂上的学习是理论的强化与思想的浸润,那么课堂外诸多丰富的活动就是躬行实践的平台。

夏日奔赴莱芜,红色文化源远流长。在莱芜的三天里,我们唱山歌、参加领导力培训、参观中共山东省工委旧址等,好像一方红色天地,我们在其间徜徉。群山间那抹穿梭攀越的身影是我们青春跳跃的火苗。我与同窗们同吃、同住、同嬉笑,他们的笑貌在我的脑海久久难忘,慢慢地、慢慢地成了岁月的佳酿……

寒冬笃力宣讲,精神浸润四方。寒假里,我们为三队,在自己家乡驻地开展宣讲活动。山河披锦绣,盛世写华章。代代共产党人风雨兼程、砥砺奋进,是他们启动了历史的阀门,为后世带来了这锦绣华章。吾辈青年当以卓越的"轻骑兵"之姿、以炽热的红心赴八方。

"以书会友,思论之"

读书会是成仿吾英才班的传统,也是感受思想力量的重要一环。在读书会上,我们读马克思主义的经典著作,进行讨论交流,让思想交织成火花在空中碰撞。

也许我们的认识还尚浅薄,但是那颗积极向上的热忱之心一直在跳动。老师也总是毫不吝惜地给予我们鼓励,从不同角度指出每个人身上的闪光点,让我们信心倍增。

“谆谆教诲，心启之”

在这里，请允许我怀着一颗真诚与炽热的心，感谢我的班主任——董祥宾老师。每一次活动的牵头和举办都有他夜以继日的身影；每一次物资的发放都有他不辞辛劳的努力；每一位同学的心间也都有他播撒的理想之种。而董祥宾老师于我则更为特殊，在初入班级和入班中期，我都有过因压力过大而产生的思想波动和心理波动。但董祥宾老师从不放弃对任何一名学生的关怀，每一次近一小时的谈心总是能使我受益匪浅。从生活到学习再到思想，董祥宾老师的关怀如春风化雨，无微不至。

我想，这便是一名师者最好的模样。

“青马”当先，放飞荣光。愿我们接过时代的火炬，坚守心底的梦想，立大志、明大德，成大才、担大任，努力成长为堪当民族复兴大任的时代新人，为国家富强奉献青春力量！

（文/邓子铭）

情系“仿吾”，启梦远航

遇“仿吾”，展青衿之志；做“青马”，扬奋己之鞭。山东大学成仿吾英才班走在引领广大青年学生学习和实践中国特色社会主义理论的前列，令无数怀着马克思主义理想的山大学子心向往之。入选成仿吾英才班，我深感机会宝贵；师友相伴，我更感荣幸之至。我用心珍惜着每分每秒的“仿吾”时光。

“仿吾”求思，学理论知识，赓使命重任。成仿吾英才班的成立充分发挥了山东大学马克思主义理论学科优势，为我们进一步接受马克思主义基本理论、提升实践能力提供了平台。成仿吾英才班名师聚罗，许多学术大牛为我们做讲座，指导我们学习马克思主义理论、运用马克思主义理论，这对非马克思主义专业的学生而言是非常难得的机会。老师的教诲如明灯，照亮理论学习的方向，解开我心头的疑惑。在成仿吾英才班的读书会上，同学们侃侃而谈，或探讨理论，或抒发志向，理性与感性齐飞，颇有挥斥方遒、指点江山的少年意气。读书会的氛围也激励着我主动去探索更深刻的马克思主义理论，课外准备与课内讨论让我受益颇多。在成仿吾英才班，理论不仅仅是藏于书本之中，而且也与实际相连。

"仿吾"实践，育红色基因，扬时代精神。"只有到基层中去、到实践中去、到人民中去，才能真正知道所学知识如何去发挥，如何去为社会做贡献。"跟随成仿吾英才班，我们走近济南市莱芜区红色基地，怀着肃穆的心情参观了中共山东省工委旧址、"红旗飘万代"和尚洞等，我们在一张张历史照片中、一段段历史故事中，追忆红色岁月，感悟初心使命。百余年前的有志青年，将无数个小我凝聚成大我，用最朴素的爱国主义情怀，点燃了民族复兴的希望之光。在风雨如晦的年代里，先辈们胸怀忧国忧民之心，奉献爱国爱民之情，在心中高高飘扬起爱国主义的伟大旗帜，用一生的真情投入献身理想。我们回望历史，不忘初心，牢记使命。"仿吾青马"理应消除对未知的迷茫，将自我与时代、与国家紧密融合，与新时代同向同行，弘扬时代精神。

"仿吾"情谊，结良师益友，承榜样之风。桃李不言，下自成蹊。"仿吾"之行，幸遇良师。老师们传道授业解惑，虽风格各异，咸有梅兰松柏之风。我不仅学到了理论知识，更学到了治学严谨的态度。同窗互助，与子偕作，"仿吾"之行，幸得良友。在成仿吾英才班，我见到的是自由开放的思想，蓬勃向上的青春，积极坚定的信念，远大璀璨的理想……我们铭记"志存高远方能登高望远，胸怀天下才可大展宏图"，不驰于空想，不骛于虚声。我们在一起学习讨论，碰撞思想的火花，一起宣讲，一起实践，以行动展"仿吾青马"之姿。

"志合者，不以山海为远；道乖者，不以咫尺为近。"成仿吾英才班让青年马克思主义者相聚在一起，让青春思想扎根理论沃土。成仿吾英才班的学习虽然只是一段经历，但它播下的希望的种子，终将开花结果。"仿吾"青年将葆有日就月将、精进不休的心志，笃志不移，笃行不怠，让青春在全面实现中国式现代化的火热实践中绽放绚丽之花！

（文/向仲博）

第四目 行而不辍，履践致远

【编者按】 青年人的理想、本领、担当，最终都要落实在为中华民族伟大复兴的中国梦而奋斗的具体实践中。成仿吾英才班六期学员们在丰富深刻的实践活动与志愿服务中感受社会、锻炼自身，展现青年的新形象、新担当、新作为。行而不辍，履践致远，成仿吾英才班六期学员们努力争做经得起实践磨砺和检验的时代新人。

第一话|知是行之始，行是知之成

若我化青鸟，衔枝筑春来

也许是高中时所做的社会实践过于浮于表面，大学以来参与的诸多活动都刷新了我从前对社会实践的认识，也让我对社会实践的意义有了全新的理解。

在第一学年的社会实践中，我总共完成了九次包括个人实践在内的社会实践活动。它们让我觉得自己仿佛是一只“青鸟”，自高考后飞向辽阔的苍穹，见识过更大的世界后归航，将自己的所学所得化作筑起鸟巢的枝叶，为着家乡更美好的图景而不懈努力。

在众多“枝叶”中，最值得一提的便是我带队进行的志愿服务调研。在炎炎夏日，我和队员们深入志愿服务一线，穿梭在多个地市的大街小巷、社区内外，希望能够通过调研探寻互联网传播在城市中的创新发展与实际应用，以更好地将互联网与现代志愿服务队伍建设结合起来。在对退伍军人、莒县健平医院院长唐佃平的采访中，我们看到了一名退伍军人对家乡的拳拳之心和服务社会的热忱之心；在对吴江唐仲英爱心社的两位前辈的采访中，我们看到了青年人的决心和勇气；在对基层干部、马鞍山市花山区劳动保障监察大队支部书记张建平的采访中，我们看到了一线共产党员的爱心、善良与责任担当……

这正是青鸟衔枝，共筑春来。

与“青鸟”一词意蕴更为贴切的，莫过于“青鸟计划”了。在后来的学习实践中，我参与了两次“青鸟计划”岗位实习寒假社会实践专项活动。“青鸟计划”是山东省团委和山东省人力资源社会保障厅共同开展的服务大学生就业、助力全省"招才引智"工作大局的一项工作，在引领青年大学生树立正确择业观、就业观，吸引更多学子返乡建功、助力家乡发展方面起到了重要的作用。相应地，我的家乡——莒县县委人才办、团县委、县人社局也联合开展寒假"返家乡"社会实践活动，为莒县籍大学生社会实践活动的开展提供了良好的平台。

于是，在那个冬日的早上，我走进了县委、县政府的大门，从另一个角度去观察家乡变迁。我进行政务见习的单位是莒县团县委青年发展部，在工作初期便参与到了团委正在进行的"希望小屋"春节走访活动。"希望小屋"是2020年6月由团山东省委、山东省青年联合会、山东省青少年发展基金会共同发起的一项儿童关爱项目。从"小屋换新"到"精神换新"，我在与他们的日常接触中逐渐感受到项目的意义所在，也更加深刻理解了青年应负的责任与担当。在莒县团县委2022年的工作中，各行各业的爱心人士都积极参与。其中，青年作为主力深入参与了"希望小屋"项目，为困难儿童插上了一双双飞翔的翅膀。3年建设170余间"希望小屋"，2022年新增建设32间，这些数字背后涌动着的是爱与温暖。2022年12月底，第二批12间"希望小屋"建成，这个冬天，我们相拥，不再寒冷。

走访传递温暖，携手共迎春光。春节期间，团县委组织莒县籍青年学子走访慰问"希望小屋"儿童，为孩子们发放过冬温暖包。同时，在2023年春节之际团县委还开展了"情暖童心　共护未来"暖冬走访活动，众多青年企业家、各级组织纷纷参与其中。

"不光要建好小屋，更要管好、用好小屋。"我看着推文里的这句话，满心的感动和温暖。这句话被成功践行，未来它也会继续伴随"希望小屋"前行。未来，一定会有更多的青年人参与到这项温暖的事业中去，擎起火把，为孩子们照亮前行的路。

这不仅是一次社会实践，更是一代一代青年人的接力跑，是乡土情怀、故乡之爱的火炬传递。在成仿吾英才班的学习中，我也了解到了许许多多的故事，看到了许多更优秀的同学，他们所做的社会实践、志愿服务在社会发展的大潮中闪耀着微小而耀眼的光芒。

我们都是"青鸟"，齐力衔枝，共筑春来。

（文/唐艺航）

“希君生羽翼，一化北溟鱼”

那天，高考志愿查询界面显示我已经被山东大学社会学专业录取。当时的我，虽然对社会学专业感到陌生并充满迷茫，但内心深处始终觉得大学四年我将会与社会实践、实地调查等接触社会的活动联系在一起。入学后，经二次选拔后虽然我离开了社会学专业，但这一认识仍然存在。从步入山大校园起，至今我已拥有数十次社会实践经历，感受颇丰，受益良多。

不求闻达，但求利人

刚入学时，我怀着对社会实践的巨大热忱，加入了学校的社会工作协会，积极报名参加各项活动。2021 年 11 月 28 日，我参加了社会工作协会和山东大学齐鲁医院团委的合作项目，来到山东大学齐鲁医院开展导医志愿服务。

那天的一切至今历历在目，甚至到现在我还能真切地感受到面对熙熙攘攘的医院门口时那种令人窒息的眩晕感。穿过医院大厅，进入办公室，一位有着多年社会实践经验的阿姨接待了我们，为我们细心讲解了导医岗位需要注意的事情。

接过马甲，我正式走上了岗位。其实，那天我的任务并不是实际参与导医工作，而是为志愿者们拍照记录。鉴于医院较为忙碌，我和另一位负责拍摄的同学在每位同学都被拍到记录后，便早早收起了相机，也参与到了导医实践中去。

有人说，医院是最接近人心的地方。他们有的神色匆匆，有的正焦急地询问某某科室应该怎么走；有的面色凝重，径直走向取号机取走不知提前多久才预约到的号码；有的小心翼翼地寻问……其中一对夫妇给我留下了深刻印象：他们皮肤黝黑，眼角绽开深深的皱纹，一口夹生的普通话使他们外乡人的身份暴露无遗。男人一手提着被衣服塞得满满当当的袋子，一手小心地拿着X光片和病历。他说，他们是从外地赶过来的，妻子生病，当地医院水平有限，建议转诊到大医院，他们才辗转至此，并在医院外租了旅馆。我在挂号机上查询当日门诊号，发现当日门诊已全部预约完。两夫妇犯了难。我内心一阵酸涩，于是迅速帮他们约到了第二天最早的问诊号。不会熟练使用智能手机的他们全然不知可以提前进行线上预约，更不知道没有提前预约而只是从线下挂三甲医院当日的专家号有多么困难。我不知道信息不对称和错失的时间差会给夫妇俩的求医之路带来多大的困扰和负担，只记得丈夫离开时，手里紧紧地攥着那部十分陈旧的智能手机。

医院的墙壁，听过最多最真诚的祝祷。一日的导医服务让我深刻体会到了智能时代的双面性，感受到了母亲的焦灼、子女的忧心。实践结束后我还去到了急诊室。不大的急诊室，有焦急等待的家属，有恪尽职守的保安，有守在电话前的护士，有步履匆匆的急诊医生，还有刚出完任务正在收担架的救护车工作人员。之前看过的医疗纪录片一幕幕在我眼前闪过，高中生物老师说过，除了生死，其他都是小事。我在急诊室，第一次感受到了生死一瞬的宁静。

撑起一把伞

在大一寒假，我和几个同市的小伙伴一起完成了以属地为单位的母校回访活动。

又是一年宣讲时。

不同的是，身份转换为升入大学的学姐。很期待向学弟学妹们宣传山东大学，同时也希望和学弟学妹们交流他们的心理变化以缓解他们的压力。面对高考，很少有人能够毫无波澜，我也经历过高三，我明白他们目前最焦虑的是什么。

我的高中是山东省桓台第一中学，是一所坐落在小县城的省级重点中学，每年大约有30人进入山东大学读书。

在和一位学弟交流时，他的迷茫、疲倦、纠结让我感觉像是在和高三的我对话。高三的我，多希望当时能有前辈站出来跟我说：“不要急，你经历的这些我们都经历过。”我太了解这种实现不了且不被人理解的感受了。所以这也是我认真对待回校宣讲的原因——我希望通过我们这些刚刚结束高考的大学新生,为学弟妹们撑起一把伞,让他们少走些弯路,少经历一些焦虑。高三时虽然我身边有很多好朋友能及时感受到我情绪的变化并且竭尽全力地帮我,但总会有深夜因梦想和现状相差悬殊而沮丧的时候,总会有因努力了很久但成绩单上的排名仍纹丝不动甚至有所下降而失望的时候,这些情绪真的需要帮助消化。

宣讲结束后,我们登记了五位有志报考山大的学弟学妹的信息,虽然现在了解到他们高考成绩稍有欠缺,都没有考进山大,但是希望他们能在各自的学校充分发挥自己的才能,实现自己的人生价值。

心怀远方,赴无穷乡野

一位学长曾向我推荐清华大学乡村振兴工作站的寒暑期实践活动,详细了解后,我心驰神往,于是提交了简历。2022 年 11 月 17 日,我接到了那通期待已久的电话,队长告诉我,我已经通过了材料审核,正式成为清华大学乡村振兴工作站赴阳谷支队的一名成员。

清华大学乡村振兴工作站于 2017 年 10 月成立,目前在全国有 25 个签约站点、15 个落成站点,实践基地和考察实践点数十个,累计辐射服务10 万余名村民。累计派出 460 余支实践队共 6000 余人次前往全国 1200 余个村落调研,共产出实践报告 300 余万字、乡村建设、文创设计等作品800 余份,累计改造闲置房屋 3.5 万平方米,引入政府及企业建设投资近 3 亿元。能够成为其中的一员,并且是支队里唯一来自山东大学的学生,我深感荣幸。

阳谷支队在工作站的任务是走访西八里村、国庄村等村庄并进行助农直播,推广当地的特色产品红薯粉条,以及开展教育直播,为当地学生介绍高考学习经验、方法和大学生活。我所在的党建小组则需要走访调研当地的红色资源,联合共青团阳谷县委和阳谷统战部,组织一次联合党建活动。

2023 年 2 月 7 日,是进行联合党建的日子,对这一天我期待了许久。面对到场的将近 70 名党团干部,作为主要策划人和现场主持人,我努力克制着内心的紧张,有序按照流程推进活动。

我们参观的是鲁西第一个党支部纪念馆——九都杨党支部纪念馆。九都杨党支部由杨耕心建立。1928 年 1 月 14 日，九都杨党支部在省委、县委领导下发动了著名的定水镇起义。中共九都杨党支部的建立，将鲁西革命斗争带入了一个新的阶段；坡里暴动，打响了山东红色革命第一枪。我跟在队伍后面，看着正目不转睛认真参观的老党员们。他们之中，有的鞋边还挂着未干的泥土块，有的需要他人大声复述才能听到讲解，但他们胸前都别着崭新的党徽，他们常常在展板的图片前久久驻足，仿佛在回忆那些和老同志们一起奋斗的岁月、那些需要我们后辈铭记的岁月。

俯下身来，亲近泥土；迈开脚步，丈量家园。乡村振兴，国家才能兴旺。这不是一句简单的口号，而是我们每一位充满斗志的青年奋斗的方向。走村探巷，明桑麻养蓄之方，一方乡土化育星星火种；访户问家，析民生经济之理，满腔热血迸发汩汩源泉！

这三段实践经历是我目前最难忘的，一张张照片和一段段文字，都是每段经历留下的痕迹。交流、共鸣、反思、改正，社会实践的一大作用就是能够接触到不同职业、不同年龄段的人们并感知到他们身上的优秀品质，见贤思齐。我们都不再是一味只接受他人的帮助而无所回报的小孩子了，"希君生羽翼，一化北溟鱼"，希望我们都能无畏前路艰险，沉潜于海，有朝一日终能张开巨大羽翼，向着光和梦想飞翔，回报哺育我们的社会，回报这个世界。

（文/朱肖宇）

一路风雨兼程，只为美丽传承

2022 年 8 月的成都，暑气未消，蝉声阵阵。我作为山东大学团队的代表，与来自全国各地的高校参赛代表齐聚线上，共赴一场档案学的盛会。金汤桥的前世今生、清水江文书里的古建筑风貌……档案仿佛有了生命，将那些尘封的故事细细道来。而那些极其珍贵的红色档案，也在我们团队的手中焕发出新的活力。

我们立足于真实的红色档案,结合信息技术,设计研发了一款桌面游戏。参展评委对我们的项目给予了高度肯定,游戏社区的网友也纷纷为我们的创意点赞。能够入选国家级赛事,并且收获如此多的关注和好评,让我和团队既惊喜又感动。谁说红色档案只能展示在博物馆的橱窗里?谁说红色故事已经老去?我们用事实证明,红色档案依旧充满生机与活力。

游戏里反映的真实事件和真实人物,深深触动了参展的人。游戏里展现的一张张照片、一份份档案,讲述着先辈们光荣的过去。尽管我已经对游戏故事烂熟于心,但每每读到战士英勇抗敌、保家卫国的情节,还是忍不住热泪盈眶。

展示环节结束,掌声经久不息。这一刻,几个月的筹备过程在我脑海里不断闪现。在这期间,我们有过争执,也遇到过很多困难。但让我们坚持下去的,是一颗保护和传承红色档案的心。我们的故事其实也很简单,不过是志同道合的伙伴走在一起,为了一个共同的目标而努力。

赓续传统:红色档案背后的动人故事

在浩瀚的档案海洋里,有一批珍贵的红色档案,它们见证了党一路风雨兼程的成长,记录着中华民族伟大复兴的奋斗历史。为了更好地对红色档案进行开发和利用,我们团队决定以最真实的红色档案为原型,做出一款面向大众的桌面游戏。

在搜集资料的过程中,我们团队了解了许多档案背后的故事。在那个特殊的年代,很多共产党员隐姓埋名,在看不见硝烟的战场与敌人周旋。他们的名字不为人所知,或许只能从零星几张合照、几封书信中窥见他们工作的一角。这些故事是那样惊心动魄且跌宕起伏,这些故事的主人公是那样令人敬佩和感动。这些档案不应该被束之高阁。所以,我们下定决心,要把红色档案背后的故事讲出来、讲精彩,让活在档案中的英雄先辈们走出来,走进人民心中。

我们希望通过真实的故事、真实的人物弘扬红色精神。面对艰苦的环境,他们不畏艰险、英勇抗争;面对敌人的威胁,他们宁死不屈、血战到底。

他们用自己的一生表达了对祖国最质朴、最深沉的爱。他们的故事不需要矫饰，简单的话语却能达到最深刻的教育效果。动人的不是故事，美丽的不是文字，而是那一个个鲜活的、真实存在过的生命。

不忘初心：吾辈青年展现新时代担当

我时常在想，求学多年，如何"将论文写在中国的大地上"，如何用学识为祖国的建设添砖加瓦。这次社会实践给了我一个答案——善于发现、善于创新、善于实践。

档案学的课本上，写满了密密麻麻的基础知识，它们就像一盏盏闪烁的灯光。但想要照亮前方的道路，离不开掌灯的人——吾辈青年。这一次，我就是那个掌灯的人。

我有幸在时光的长河中拾起那一份份珍贵的红色档案，将英雄的故事写进字里行间。我有责任在历史的洪流中传承这些红色档案，为传播档案背后的英雄事迹贡献自己的一份力量。我想，吾辈青年的付出不一定会被记载，但只要档案永存，红色精神永存，我们的努力便有意义。我坚信，我们的故事会在档案之外，自成佳话。

（文/程佩璇）

相信光，追逐光，成为光

我们从群山中走来，希望成为真诚善良而又努力向上的一束光。

明代著名思想家王守仁先生提出"知行合一"的哲学理论，认为认识事物的道理与实行其事是密不可分的。这启示我们在理论学习之余，更要将所学的理论知识应用于实践，"知为行之始，行为知之成"，理论与实践相结合，方能浇灌出灿烂的青春之花。

求学的路上,我始终相信光,它照亮着我前行的方向。寒假,我回到家乡进行乡村特色产业调研。在村委会的领导下,我又走进了从小长大的那片茶园。我想用青年人的脚步重新丈量这座产业园,用所学为乡村特色产业的发展做出自己的贡献。我在乡村走访调查中发现,特色产业发展主要存在茶叶产量低、品牌宣传力度小、劳动力流失等问题,并且由于日新月异的技术更迭,茶叶的加工技术也落后于时代大潮。面对茶叶发展存在的种种问题,我以一名青年人的视角,希望为特色产业的发展贡献自己的力量。我走访了当地茶叶生产企业,详细了解了产品加工、品牌包装、产业宣传等方面的知识,并与村委会进行商议,借鉴企业经验,在劳动力、宣传等方面制订新的方案,吸引青年劳动力回归,进行产业宣传片拍摄,扩大宣传力度。我希望尽自己所能、用切实的行动让这片土地焕发新的活力。

大一寒假期间,我返回母校宣讲,讲述了在山大这个平台上我所看到的更高更远的风景和反哺乡村、贡献自己微小力量后的感悟与收获。在看到和曾经的我一样对未来充满无限憧憬的学弟学妹后,我感觉一切的努力都是值得的。我以山大为荣,希望有更多人了解山大,向往山大,以山大为目标,向着这束光一往无前。这束光的存在,让人们的目标有了更具象化的期盼。山高路遥不足惧,自有光芒映征程。

求学的路上,这束光始终照耀在前方,为我们照亮前行的路;成长的路上,这束光为我们指明人生的目标,激励我们成为自己的那一束光。

成长的路上,我相信光,追逐光,希望成为自己的那束光。在一次乡村清洁取暖调研中,我来到一个远离市中心的小村落。相较于城市早早便用上清洁取暖装置,村子里的状况远超出我的想象。大多数村民仍然以燃煤、烧柴火为主要取暖方式。在挨家挨户的拜访中,我了解到大多数村民希望降低清洁取暖价格。在这个过程中,我的心情从新奇到沉重再到干劲十足,我希望尽自己微薄的力量,让村民的呼声被更多人听到,不仅收集、反映问题,更要让诉求落地。面对大家安装的需求、对相关补贴政策的疑惑、取暖设备的故障等,我与同伴尽己所能,及时向维修单位反映,同时帮助大家在网络上下单燃气灶用品……尽管只是一件件微不足道、举手之劳的小事,但当我们听到他们感谢的话语,看着他们充满信任与期待的眼神,那一刻,我们仿佛是他们面前的一束光,虽然微弱,却在一瞬间照亮了一隅。这不仅仅是一次单向的帮助，更是一次双向奔赴。在实践中，我们不再是象牙塔中被社会庇佑的大学生，我们用自己的行动证明能够为社会、为脚下的这片土地做出青年人的贡献。这是我们现在的追求，亦是未来的梦想：让我们的双脚，行走在乡村的土地上。

梦想鲜活，光芒闪烁。我们的光芒或许没有他人那么闪烁，但我们已经成为自己的那束光。

山大的天空依旧澄澈，少年的梦想永远闪烁。愿未来的我们，脚踏一方沃土，相信光，追逐光，成为光。

（文/宋梓宁）

以知促行，以行求知

西汉文学家刘向曾说："夫耳闻之不如目见之，目见之不如足践之。"千百年来，多少思想家、教育家总在为我们阐述一个亘古不变的真理：百闻不如一见，百见不如一做。要知行合一，重在实践。大学生平时都是学习理论知识，很少用所学的专业知识进行社会实践，很少对所学的知识进行现场检验。而通过社会实践，我们能增强感性认识，提升个人能力与素质，锻炼在学校里所学的专业技能。

2022年暑假，我在东营银行进行了为期四周的社会实践。在此期间，我对自己在学校里所学的知识，尤其是与银行相关的知识有了感性的认识，使自己更加充分地理解了当前银行的运营模式。

在风险合规部门，我在部门老师的指导下完成了二季度调度数据，同时也学会了核对电子银行承兑汇票、交接清单、企业账单、检查法人客户信贷业务档案的基本方法。在此期间，还和其他同事、老师走访放款的企业，近距离观摩学习，查看企业的账单，推测企业的经营状况。在运营管理部，我帮助老师进行钞票的摆放和出纳，也学到了一些电脑系统及软件重装的知识。在历城支行，我学到了个人贷款和经济法的相关内容，也帮助老师完成了个人消费与收入流水、贷款档案的整理。同时，也结合所学和现有资料，撰写了东营银行运营数字化转型的建议。

经过在东营银行的实习，我对银行业有了较为系统的了解与认识，包括银行组织构架、管理模式、业务范围等。和课本上所讲的银行相比，现实中的银行将“借贷”这一基本思路细化，通过对借款人、贷款人的信息进行判断、核查决定是否借贷。经过市场走访和调查，我对市场和企业有了较为全面的了解，在对借款企业进行分析时，我使用了课上所学的 SWOT 分析法，想到了其他同事没有想到的点。同时，在与人交流沟通方面我有了较大的进步，特别是与同事及客户方面的交流，能够合理地表达自己的意思。

社会实践不仅有锻炼专业技能的实习部分，还有学习、弘扬马克思主义先进思想，争做新时代青年的红色部分。

在中国共产党第二十次全国代表大会正式召开后，成仿吾英才班组织了二十大精神的学习活动，举行了读书会和知识答题比赛。在读书会中，我就新时代全面从严治党的伟大实践做了汇报。

2022 年秋，我报名参加了成仿吾英才班“轻骑兵”宣讲团，学习贯彻党的二十大精神，立志在祖国广袤大地上书写青春华章。在宣讲的准备环节中，我仔细研读了二十大报告，选定了在“仿吾”读书会上汇报的主题——“坚定不移全面从严治党”，撰写了讲稿，制作了演示文稿，积极向马克思主义学院导师请教。

2023 年寒假，我在班级内积极宣传有关二十大的知识与精神，并在主题团日宣讲会中讲述了新时代从严治党的重要举措。开学后，我和其他三名“仿吾”同学在管理学院进行了汇报。我从“全面从严治党的重要举措”“全面从严治党取得的成效”和“持续推进全面从严治党”三个方面对二十大报告中的从严治党内容进行了拆解讲述，点明了全面从严治党是党的十八大以来党中央作出的重大战略部署，是“四个全面”战略布局的重要组成部分，也是全面建设社会主义现代化国家、全面深化改革、全面依法治国顺利推进的根本保证。

在宣讲的过程中，我和参加宣讲会的同学讨论了习近平总书记提出的“自我革命”这一跳出历史周期律的方法。在和大家的交流中，许多同学表示在我们的宣讲下对二十大精神有了更深刻、更细化的了解。

在进行社会实践的过程中，我不断将所学知识用于实践，努力做到知行合一。同时，我还经常发现课本中没有学到或者已经过时的知识，并且在实践中不断完善自己的知识架构。在实地调研中，我有时也能发现书本上与现实中并不符合的情况，坚持毛泽东同志在《反对本本主义》中强调的实事求是、先调查再得结论的方法。社会实践不但磨炼了我的意志，还提高了我的专业水平，是对大学里所学知识的巩固与运用。社会实践也让我学到很多只靠书本无法理解的知识，对经济学和马克思主义有了更为详尽和深刻的理解。

只有理论没有实践，那只是纸上谈兵，难以真正掌握知识。只有将理论运用于实践，才能真正掌握理论，才能更好地将理论运用到实践中去。未来，我将不断打磨自己，完善自己，提高站位，进行更有意义的社会实践，努力做到知行合一。

（文/张忠炜）

远方和诗，实践与理想

罗曼·罗兰有云，你的理想与热情，是你航行的灵魂的舵和帆。理想如活水之源，没有理想的人生如一潭死水。可若空有理想，缺乏实践，则又是纸上谈兵、坐而论道。空谈误国，实干兴邦，在人生前进的道路上，既要仰望星空，立鸿鹄志，又要脚踏实地，做追梦人。"行千里，始于足下，一步一个脚印才能到达目的地；望星空，怀抱远大理想，以追寻与探索的热情才能指引实践的成功。"用理想的灯塔指引前行方向，用实践的脚步丈量人生大地。知行合一，躬耕实践，"仿吾"学子身体力行。

百年党史是党始终以马克思主义为指导、不断推进马克思主义中国化的理论创新史，也是坚持不懈用中国化的马克思主义武装全党的理论强党史。回望过往的奋斗路,眺望前方的奋进路,我们必须把党的历史学习好、总结好,把党的成功经验传承好、发扬好。学习贯彻党的第十九届六中全会精神和党的二十大精神,便是一个讲好中国故事、宣扬建党精神的契机。2022年冬,我随电气工程学院"永葆初心,E启华章"宣讲团,深入学校和社区开展党的第十九届六中全会精神理论宣讲与党史回顾。令我印象极其深刻的是,当宣讲提及我国近十年获得的伟大成就时,社区中的爷爷奶奶纷纷落泪,感慨如今的幸福生活来之不易,中华民族不忘初心,砥砺前行,必然走向复兴。宣讲实践犹如一把火炬,点燃了我们学习理论与引领时代的激情与决心,我们定能讲好中国故事,写好人民的答卷,走好新征程。

人不能只是被动地记忆,我们还要用行为去创造记忆,我们要用情感、忠诚、爱心、责任感以及创造性的劳动去书写每一天。2021年新冠疫情期间,新疆、西藏等少数民族地区的中小学生教育资源十分缺乏,"志愿有我·让爱飞跃万山"鲁喀专项支教活动随之展开。作为一名支教队员,我认真学习平台的使用方法,细心服务每一名有需求的学生,尽力将自己的知识和爱心传递到万山之处。最令我印象深刻的是一位来自新疆维吾尔族三年级的少年,在假期结束后,他寄了一封厚厚的信给我以表达谢意,里面还画了一幅在教室里上课的画期盼早日能够回归课堂,这不禁让我热泪盈眶。2022年冬,疫情持续,作为提前返乡大学生中的一员,在保护好自身的前提下,我深深感受到大学生应承担起社会责任。于是,在寒假期间,我与几位志同道合的同学组成"疫中显智,化语点灯"抗疫小队,实地走访河南尉氏县、山东烟台与山东临沂、贵州三都、黑龙江哈尔滨道里区等地共计6个社区,协助社区开展防疫工作,落实网格化管理最小单元,建立详尽的社区信息表,及时为有紧急需求的居民提供力所能及的帮助,让社区管理有温度、有力度也有速度,彰显山大担当!

"行之力则知愈进,知之深则行愈达。"社会实践的初衷在于走出校园,走向社会,调研社会现象,解决社会问题。而文化是生命的花朵,离开生命本原,文化不过是人造的花束。近年来,非物质文化遗产的传承和保护逐渐成为文化自信培育的焦点,我们利用暑假时间调研了济南非物质文化遗产保护情况,包括对话济南市文化馆馆长,了解目前的工作重心与难题;采访济南市皮影戏传承人李娟老师,了解作为大学生能承担的责任与努力的方向;在济南市文化馆录制宣传片,并借助自媒体平台进行宣传,让更多人了解非遗,走近非遗……最终向济南市文化馆与社会各界展示社会实践报告,既宣传了济南市非物质文化遗产,增强了文化自信,也提高了我们的社会责任感,为社会主义事业贡献力量。

“行千里,始于足下,只有一步一个脚印才能到达目的地;望星空,怀抱远大理想,以追寻与探索的热情才能指引实践的成功。”这是新华社对吾辈青年提出的寄语。吾辈定能知行合一,躬耕实践,在中国特色社会主义建设中历练自己、贡献自己,勇担复兴重任,谱写精彩华章!

(文/赵书振)

由此向,及远方

社会实践让我们走出课堂,走出校园,走向社会,走上与实践相结合的道路,到社会的大课堂上见识世面、施展才华、增长才干、磨炼意志。社会实践虽然辛苦,但经历后才发觉,原来乏味中充满着希望,苦涩中流露着甘甜。

假期的社会实践活动虽已结束,但给我们带来的影响却一直在持续,在大一、大二的三次寒暑假期间,我一共参加了12次社会实践活动,既有关于景区环境、女性权益、家乡美食的社会调研,也有线上支教的夏令营活动,还有成仿吾英才班莱芜之行的实地调研。在这些活动中,我收获了很多,成长了很多。

令我印象深刻的是我自己组队的“人间百味”社会调研活动。在这次实践活动中,我充分感受到了作为队长所需要的责任与担当。通过对家乡美食的探访,大家对自己的家乡有了更加深入的了解和更多的热爱。而对家乡美食的宣传,也让更多的人了解了各地的饮食文化,感受到我国的富饶与多彩。

暑假,成仿吾英才班前往莱芜,开展“学习红色精神,传承红色文化”活动。怀着无比激动和敬仰之心，我们到达中共山东省工委旧址、和尚洞等红色革命地点，目睹了当地的环境，亲身体会了革命先烈的英勇与智慧。先辈们用血与泪书写下的历史，让我们热泪盈眶，让我们从中汲取到了无限奋发的力量！我们也更加深刻地感受到：党在民族危难之中诞生，在磨难挫折之中成长，在攻坚克难之中壮大！只要心中有信念、有大志，眼里有大局、有大势，脚下就会有大道，前方就会有曙光！

在支教夏令营中，为了帮助孩子们收获更多的知识，我们支教队的每一位成员都进行了精心与细致的准备。在支教过程中，我也意识到教会孩子知识不是我们的最终目的，让孩子在学习中发现自己的兴趣，同时培养良好的习惯、树立正确的理想，才是我们追逐的目标。“四度春风化绸缪，几番秋雨洗鸿沟。黑发积霜织日月，粉笔无言写春秋。”支教的日子虽然不长，但其中的收获与感动足以让我珍藏一生，我也会继续努力，带着光与热投入更多的志愿活动中，用坚持与热爱点亮一盏盏明灯。

通过社会实践活动，我们在锻炼能力、收获成长的同时，也为社会做出了自己的贡献，收获了满满的幸福。社会实践让我体会到，我们不应该是象牙塔里不能承受风吹雨打的花朵；社会实践也让我认识到，社会是一个更能锻炼人的场所。我们只有深入社会、了解社会、服务社会、投身社会实践，才能更好地发展自己，为今后走出校门、踏进社会奠定良好的基础；才能学有所用，在实践中成才、在服务中成长，并有效地为社会服务，实现自身的价值。

作为大学生，我们是国家建设发展的后继力量。我们要全面发展自己，不断锻炼自己，把理论与实际相结合，以实际行动投入祖国的建设。

（文/付晓宇）

深学、细研与笃行

2022年10月，党的二十大胜利召开，会议精神深入人心。为深入贯彻落实党的二十大精神，成仿吾英才班深入学习二十大报告，并成立党的二十大宣讲团——成仿吾英才班第二分队。很荣幸，我能参与其中，并成为一名宣讲员。在宣讲过程中，我们力争在实践中发挥"仿吾"学子的引领作用，同时通过宣讲过程中收到的反馈，不断研习、打磨、反思宣讲的内容和方式，丰富和提升自己的综合能力。

党的二十大报告有对过去的回顾，也有对未来的展望。我们将宣讲主题定为"伟大十年的成就回望"。我们希望将前辈的奋斗书写成诗，将光辉的昨天编写成歌，展现在观众眼前，唱进观众心中，希望它能成为每一个人前行的动力。

一次顺利的宣讲离不开精细的打磨。主题确立后，我们反复研读二十大报告，制作思维导图，提取关键词，理清思路。从每一个点出发，查找相关实例，增强宣讲内容的生动性和说服力。为防止出现不必要的错误，我们进行了多轮稿件互查，仔细纠错，力争完美。宣讲稿定稿后，我们进行宣讲材料的制作。我们对宣讲材料的要求非常严格，经过一轮又一轮的反复修改，才得以完成。在此之后，我们进行了一遍又一遍的宣讲彩排练习，为的就是能给听众带来完美的呈现。

在宣讲过程中，我以"回望"为线，从"全面发展改善民生""齐心协力共赴小康""积极主动对外开放"以及"坚持推进生态治理"四个方面绘制过去十年我们党增进民生福祉的宏伟画卷。

作为大学生，提到民生改善，感触最深的便是教育的发展与进步。因此，在宣讲过程中，我主要围绕这一方面展开讲述。随着全国脱贫，我国教育的普及率显著提高。同时，科技、经济的发展，也让我们的教育质量有所改善，教育资源有所优化。如今的我们，拥有了公平的学习平台、竞争平台和展示平台，不再担心才华无处可施。结束了一场在高中的宣讲后，我与一些同学进行了交流。处于备战高考阶段的他们提到现在的学习不再是枯燥乏味的单一应试教育，而是综合教育，劳育、美育、体育比重上升，个人综合能力得到提升。我也亲身经历、亲身体会到了教育的全面化改善，对此感触颇深。在书本上看到的终是文字，在交流中，我们才真正体会到民生改善给我们带来的幸福感。

“小康”一词，曾是全民族的奋斗目标，在全国人民的接续奋斗下，我们终于实现了这个目标。在小康社会，基本公共服务实现了均等化，这是人民生活水平全面提高的体现；教育普及率大幅提升，我国进入人才强国和人力资源强国行列；就业率更高，民生得到保障；社会和谐稳定，人民安居乐业……

我国坚持对外开放，加强国际交流，吸收优秀成果，参与国际竞争与合作。我国经济飞速发展，综合国力不断提升，这是我们每一个中国人前进的底气。在一场高校宣讲中，我们重点围绕对外开放给我们带来了什么而展开探讨。我们一致认为，在当今对外开放的背景下，学生有了更多的机会接触外国的先进事物，也有了更多国外留学的机会；我们要吸取国外先进的文化知识，同时结合我国优秀传统文化，进一步提升个人修养。

“绿水青山就是金山银山”的理念深入人心，曾经的“工业锈带”转身变为“生活秀带”，曾经的老工业聚集地变为居民后花园，我们祖国的天更蓝、山更绿、水更清……我们呼吸着清新的空气，欣赏着祖国日益秀丽的山河，生活渐渐成为我们向往的样子。大家都感受得到生活的变化，也表示生活环境的改善让自己更有动力、更有幸福感。

尽管宣讲前数次翻阅党的二十大报告、进行了许多遍宣讲练习，但在宣讲过程中我还是产生了深深的共情。我也深知，宣讲的这几个方面只是我们党增进民生福祉、改善人民生活的一小部分，但这已足够震撼人心。我们生于盛世，享受着前辈们打下的江山、创造的美好生活，我们必须走好接下来的路。作为青年学生，我们是新一代接班人，坚定学习马克思主义的信念应永存于心。通过学习与实践不断加强自身的能力与知识储备，有理想，有担当，培养吃苦耐劳的奋斗精神，争做新时代好青年。宣讲虽落下帷幕，但二十大精神永存我心，它是我奋斗路上的强大动力。

（文/王可莹）

第二话|微光可成炬，大爱映苍穹

青衿之志，履践致远

心怀“国之大者”，要将小我融入大我中。新时代的青年，不能满足于纸上谈兵，要真干、实干；不能局限于眼前，要走出教室，走出学校，走进社会，真正为社会贡献青春力量。

我们从小立志，要成长为堪当民族复兴大任的时代新人，要做对社会有贡献的人。进入大学以来，我不断问自己：除了提高自己的专业能力来为祖国经济社会的发展贡献绵薄之力，还有什么是现阶段的我能做的、需要做的？于是，我便想到了传递爱心的志愿服务。

“全心全意为同学服务。”加入学生会、参与学生志愿活动，是我参与志愿服务活动的起点。2021 年的第一场大雪，让学校天桥连接处的楼梯变成了危险的滑梯。我们拿起铁锹，一锹一锹地铲雪，我已经忘了当时手冻僵是什么感觉，但我清晰记得从身边走过的同学轻轻地说：“你们辛苦啦！”2022 年的金秋，山东大学迎来了一批新的面孔，我们在迎新展台忙碌着。我已经忘了那天在展台从早坐到晚的疲惫是什么感觉，但我永远不会忘记学弟学妹们带着满脸笑意说：“你们好热情啊！”2023 年的春天，我们开展了“唤醒校园”计划，呼唤同学们在疫情后的第一个春天去拥抱阳光、拥抱美好，我已经忘了那个傍晚因活动而来不及吃饭的饥饿是什么感觉，但我始终记得许多老师同学问我们：“下一次举办这样的活动是什么时候呀！”我已经忘记为了一份份文件、一次次活动而流过的汗、熬过的夜，但我永远记得我们每一次付出都帮助到了同学们、服务了同学们，我们每一次的劳动都换来了更便捷的校园生活、更积极温暖的校园氛围。

“疫情就是命令，防控就是责任。”作为“小青马”，作为学生骨干，我义无反顾地奔向了疫情防控的战场。凌晨四点的电话打破了梦境，睁开眼，听到有人需要我们，便离开了温暖的被窝。应急志愿者群里，团委老师有条不紊地部署，将我们快速集合到了一起。−7 ℃的清晨，连呼出的气都在空中结成了白霜，我们奔跑着传递，只为让同学们能按时吃上热腾腾早饭。“50 分钟，6 栋楼宇，7000 份早餐，全部送达！”我们终于松了一口气，看着身边推着餐车继续工作的食堂工作人员，接着电话奔赴下一个工作岗位的老师，背起书包赶去教室上课的同学……忍不住鼻头一酸，顿时感受到了志愿服务的力量，感受到了那件红马甲的温暖。而那些能够点燃他人、温暖他人的炬火，也正是这星星点点的志愿者们的微芒所汇聚而成的。“哪有什么岁月静好，只是有人在替你负重前行。”终于，我加入了负重前行的队伍，成了炬火之中的一点星光。终于，我也能够能用我的双手、我的热忱，去守护他人的岁月静好，守护这一小片土地的安宁。

“让爱飞越万水千山。”两次支教使我志愿服务的脚步走出了校园，让我的爱飞越万水千山，传播到了遥远的他乡。鲁咯专项支教，让我接触到了新疆的小朋友，86 课时、400 余页课件，我为他们带去了《史记》里的典故，为他们带去了《三十六计》里的兵家智慧……两个月的陪伴，我打开了孩子们的心扉，和他们成为好朋友。最后一节课上，一个孩子自豪地总结着自己的收获，告别之际，他的眼泪夺眶而出，我看到了自己的意义。在“美丽中国”陪读活动中，我通过电话和广东的一位女孩结缘，我们一起阅读《星星女孩》，约好一起做自信勇敢的星星女孩。她说他们从来没有音乐美术课，我教她画画，教她制作精美的读书笔记，教她朗诵……看着女孩的老师发来的女孩参加朗诵比赛的视频，我又看到了自己的意义。

马克思在《青年在选择职业时的考虑》中说：“如果我们选择了最能为人类而工作的职业，那么，重担就不能把我们压倒，因为这是为大家作出的牺牲。”①心之所向，是将爱洒遍人间，是赠人玫瑰，是雪中送炭，虽远，素履以

① 《马克思恩格斯全集》第 1 卷，人民出版社 1995 年版，第 459 页。

往；青衿之志，是以青年之姿融入民族复兴大潮，是成大才，是担大任，虽阻，履践致远。

（文/金思妤）

坚定地走在热爱的路上

怀揣着一颗志愿服务的心，大一刚开始，我就加入了山东大学青年志愿者联合会，成为一名光荣而又重任在肩的青年志愿者。

此后，我积极参与了山东大学哲学与社会发展学院"哲心社爱"骨干志愿者一期培训营、山东大学小树林支教调研团等志愿团体。直到现在，我仍然担任山东大学小树林支教调研团执行团长，在山东大学十佳志愿服务组织中发挥自己的光热。作为负责人，我带头组织开展"童心一线牵，青苗育成林"线上云支教，为祖国西南边陲和三湘地区的孩子带去美与知识；带队赴济南洪家楼街道开展暑期支教活动；积极参与各项志愿服务活动的组织策划、推文撰写、带队服务等事宜。身穿志愿者的红马甲，我常常伫立在齐园餐厅门口，维持就餐秩序，提醒同学们佩戴口罩、队伍保持一米间距；我也常常站在核酸检测点附近，站在校园超市的入口处，站在近邻宝取快递处，徘徊在月色下的操场，行走在图书馆一排排书架之中，将一腔真诚与热忱尽数挥洒于我所热爱的志愿服务事业之中。伸出的手臂、提醒的话语，涌动着人与人之间的股股暖流、脉脉温情。只需一个充满信任的眼神，内心就会激荡起一份满满的幸福感。我时常由衷地为自己是这片翻涌着的、充满生机与活力的山大红里的一抹青春色彩、一份青春力量而感到骄傲与自豪，但更多的是强烈的责任感与将奉献付诸行动的幸福感。我相信，身上的这抹志愿红，将永不褪色。

在志愿服务经历中，令我印象最深刻的，也是最感动的，发生在疫情防控期间由我带队、协助食堂搬运物资去往16号楼的路途之中。因为志愿者以女生居多，搬运起来比较吃力，但是志愿者们仍咬牙坚持，不肯喊苦喊累，路过的几名男生看到了,都非常积极地过来帮忙,不说什么,只是默默地付出。即使身上并未穿着志愿者的红马甲,火红色的志愿服务精神也依然在他们身上熠熠生辉。这样一种“奉献、友爱、互助、进步”的志愿者精神,早已融入每一名山大青年的血脉之中。

疫情期间,越来越多的志愿者投入疫情防控,在校园的各个角落奉献青春力量,以志愿青春之名步入抗疫“战场”。他们在校园超市整理物资,为前来购物的师生测量体温、维持秩序;在晚间的操场,纵使天气炎热,他们仍然伫立在旁,维持秩序;他们身穿防护服,站在核酸检测队伍旁,为每名师生进行手部消毒,眼神温柔而又坚定。他们用无声的方式为自己的青春着色,用最平凡的行动温暖他人,用最决绝的坚持诉说自己的内心。他们是山大青年,是青年志愿者,是最可爱的人。虽资历尚浅,但我无时无刻不为自己是他们之中的一员而感到骄傲、感到自豪。我想,生命的意义就在于人与人之间的相互照亮。“人人为我,我为人人”,“有一分热,发一分光”。让我们携起手来,挥洒汗水,洋溢青春,诠释热爱,勇担责任。我们坚定地走在热爱的路上,踏风沐雨,奔赴山海,共克时艰!

青春芳华,璀璨山大。让我们肩负起山大青年的青春担当,始终秉承“奉献、友爱、互助、进步”的志愿者精神,与祖国同呼吸、与时代共奋进,携手吹响有为青年“青春心向党,建功新时代”的前进号角,一起用最初的心,做永久的事!

让这抹红色,始自青春的热爱,在山大更加闪亮。

(文/解颖)

如果时间有声音

如果时间有声音,那我所经历的一切都会是人生的回响,有幸被校园里的红马甲、康复中心的孤独症患儿和濮阳乡村的孩子们听见。

如果时间有声音，那一定是校园里红马甲的声音。午后阳光慵懒，志愿者们却一个个情绪高昂。作为唐仲英爱心社的学生骨干，我先后参与了小桔灯——书香下黔、旧衣回收、重阳义卖、蓝色星空梦等活动。小桔灯活动募集旧书旧衣，捐给贵州留守儿童，旧衣旧书装入麻袋的声音，与麻袋的重量一样，沉甸甸的。狭窄的活动室里，闪耀着一抹"志愿红"，我们几十个人聚在一起讨论志愿活动细节，不论是争辩还是赞同，心底的声音都是一样的——把活动办好，让更多人受益。这些事情也许在别人看来微不足道，但微小的光也是光，同样可以熠熠生辉。

如果时间有声音，那一定是孤独症孩子的声音。每周四中午，匆忙吃完午饭，我便带着志愿者前往济南市伟众儿童康复中心，去陪伴那里的孩子度过一个下午。陪着孩子们上课、接受感统训练时，我总嫌时间溜得太快，不一会儿，太阳就落下山头，撒下一地碎金。时间里，是"来自星星的孩子"表面的缄默与内心的汹涌；是康复中心的老师使尽浑身解数，教了几天却教不会什么是"大"、什么是"小"时的叹息声；是家长们看着孩子一溜烟就拔高了却怎么也学不会叫一声"爸妈"时焦虑的心声。在漫长的年岁里，父母、老师都在期盼着孩子能够健康地成长，能够像别的小朋友一样学会奔跑、学会叽叽喳喳。每一次我都在心里告诉自己，我要为他们做一点事情，哪怕只是减轻父母看护的负担，同时也要让更多的人关注到这个群体，因为关注本身就是一种力量。

如果时间有声音，那一定是濮阳孩子的声音。夏日烦闷，日子显得冗长。可是这样的长夏，对孩子们而言，却是一场流动的盛宴。在盛夏的乐章里，每一个孩子的笑脸都是一串最美丽的音符。时间里，是他们打开水龙头"滋啦"喝水的声音，是他们开饭前敲击着饭碗的声音，是他们穿着凉鞋在楼道里腾跃的声音，是他们问"老师您明年还来吗"时的抽泣声，也是分别那天聒噪的蝉鸣与校门缓缓关上的机械声。前几年，有一位被蒲公英支教团帮助过的孩子考上了山东大学，专门在校园墙发帖感谢。我相信对于我教过的孩子，不只我能够听见他们的声音，他们中也一定会有人能够听见我的心声。只是这个声音需要在漫长的时间里去等待，也许那时我刚刚结束博士生涯，也许那时我已工作数年。如今，全面脱贫已然实现，可城乡和区域发展不平衡依然存在。尤其是在教育方面，很多乡村孩子依然用着锈迹斑斑的课桌,学校里的图书读本也屈指可数。我们需要做的还有很多,我们需要为乡村地区的孩子做一些实事。暑期支教时间虽短,但我们只要去做了,就一定会有意义。2023 年暑假,我即将第三次出队支教,我会遇见不同的孩子、不同的队友,我期待着他们的声音。

志愿服务可以改变一个人的气质,使一个人散发出温和且坚定的光芒,虽不至于光芒万丈,但在温暖别人的同时也会照亮自己的生活。我始终认为,对于志愿服务,严谨是要求,真诚是态度,互助是原则。我也十分感激一次次的志愿活动给了我不断找寻纯粹的勇气。

公益的声音是可以在人与人之间传递的。我在入学前就曾听到一名学长在青海支教的故事,并在他的引领下加入了蒲公英支教团。2022 年暑假,我带队赴河南濮阳翟庄小学开展为期 16 天的支教,写下了我自己的故事。我曾听见两名学姐陪伴孤独症儿童时的欢声笑语,所以在大二时担起了伟众计划队长之责,每周抽出一整个下午的时间去陪伴伟众康复中心的孩子们。那么,未来会有人听见我的声音吗?

如果说选择做志愿服务既是成就别人也是成就更好的自己,那么日复一日、一如既往的坚持则是因为那无数次的感动与幸福时刻为我带来的内心的丰盈与充实。本科前两年即将消逝,日渐紧迫的学业似乎让我难以抽身去做更多的事。哪怕如此,也要大声疾呼。

在时间的长河里,一定会有人听见你的声音。

(文/徐荣先)

不啻微芒,造炬成阳

星星微芒,汇聚成光;万里蹀躞,以梦为归。在“奉献、友爱、互助、进步”的志愿者精神的感召下,千千万万志愿者加入志愿服务事业中。我们相信,一条条爱心的淙淙溪流将汇聚成善意的汪洋大海,一份份微小的奉献将化作微光照亮国家进步的浩瀚星空。平凡之躯，也可以为他人遮挡风雨；点滴之力，也可汇成磅礴之势。

心怀感恩，梦想起航。我们生在红旗下，长在春风里，在成长的20余年里，我被社会的善意和温暖笼罩着。中学时，我的父亲被公司外派到苏州工作，一年只回家两次。在那段留守的日子里，我常常感到孤独，但是社区的志愿者们给予了我很多关爱。在他们的介绍下，我来到济南市外来务工子女活动中心，认识了许多和我有着相似经历的小伙伴。那时，我们一起上课，一起写作业，成为彼此的陪伴，在这拥挤热闹的人群中，给予彼此最质朴的关怀、最实在的慰藉；也正是在那时，一颗爱心的种子在我心里埋藏下来。

服务社会，奉献爱心。进入大学之后，我加入了山东大学唐仲英爱心社，在这里，我和来自不同学院的青年志愿者一起参与了很多公益活动。我们身着红马甲，奔走于泉城的各个角落。我们前往洪家楼小学，为孩子们进行兴趣拓展；我们前往乡村，为脱贫攻坚献出自己的一份力量；我们前往各个社区，为老人们带来手机科普讲座……在参与活动的过程中，我深深地被学长学姐不辞辛劳、精益求精的态度所感染，前辈们犹如盏盏明灯照亮我的成长之路。跟随着他们的脚步，我学习到了很多工作方法和策划思路，这为我之后组织活动打下了坚实的基础。正是前辈们在一举一动中流露出的“服务社会，奉献爱心”的公益理念让我更加坚定地相信：公益不分大小，爱心不论轻重，人人皆可有所作为。因此，我一直盼望着能像学长学姐那样，以一人的全力以赴带动身边人力所能及的行动，从而帮助到更多需要帮助的人。

一次偶然的机会，我从活动参与者成为一名活动组织者。在贵州省普安县的一个村落，有200多位留守儿童正处于教育资源匮乏的境地。该村村支书求助于山东大学官方抖音号，想要给全村3204名父老乡亲建设农家书屋，普及科学知识，丰富精神生活。收到委托后，社团立即发出招募通知，我极力争取成为校区负责人。我们成功组织“小桔灯——书香下黔”活动，并与洪家楼小学建立合作关系，鼓励同学们将合适的、闲置的图书捐出。我们帮助该村成功建设了乡村书屋，为贵州贫困山区的留守儿童点亮了一盏公益伴读的“小桔灯”。从“山大”到“大山”，我明白了，原来“爱”可以跨越千山万水。这一刻，我突然意识到原来平凡的我拥有这么大的力量，我可以像小时候社区的志愿者一样，帮助更多留守的孩子们，陪伴他们渡过难关，弥补他们心中那份缺失的爱。

推己及人，薪火相传。2022年，我们与全国公益性组织——彩虹公益社合作，开展了唐社晚安故事活动。我带领团队召集济南、青岛六个校区的山大学子，为甘肃贫困山区的孩子们阅读晚安故事。截至2023年3月，我们累计录制了一万多个故事，并成功将故事机送到了甘肃的孩子们手中。看着当地联络人为我们发来的反馈视频，孩子们认真地聆听着这些晚安故事，对这份礼物爱不释手，纷纷表示希望我们多更新些故事内容。在这一刻，一切疲惫都消失殆尽。这些温暖、动人、充满希望的故事跨越山海，陪伴着山区孩子们度过一个个漫漫长夜，打败他们的孤独与恐惧，陪伴他们进入甜蜜的梦乡。浏览着音频列表，我感受到极大的满足感和成就感。从录制到审核，我们招募到2000多名志愿者，从本科生到研究生，我们用自己的声音传递温暖，用爱细心呵护孩子们的心灵，守护他们最纯真的笑容，让爱薪火相传。这场跨越山海的爱心行动使我们每个人的大学生活都变得精彩纷呈。

这颗公益的种子，在爱的滋润下，生根发芽，开花结果。我从一位志愿服务活动的受益者变为参与者，而后成长为组织者，帮助越来越多的人。我坚信通过传递爱心与温暖，点点微光终将汇炬成阳，散发出无限的光芒与热量。在未来，我将坚持与祖国同行，为人民奉献，与广大青年学子一道厚植家国情怀、涵育道德情操，以无数微光汇聚时代暖流，用担当和奉献服务社会，在志愿服务的火热实践中奋力书写无愧于时代的青春篇章。

（文/李雅轩）

点点星光，照亮山河

雁过留声，回想人生中的第一次志愿服务，它发生在我懵懂的初中阶段。那时的我应学校要求，在家长的帮助下进行了第一次社区志愿服务活动。在那时,我只把它当作是一项需要完成的任务。而现在,每一次志愿服务,我都不再是被动地完成,而是发自内心地想成为志愿者。

我走近孤独的老人,陪他们谈心说笑。我俯在躺椅旁,握着老人布满褶皱的手,希望这亲如子女般温暖的陪伴,能消散他们的寂寞和孤独;我走向烈火中的英雄——消防员,体验他们的辛劳。训练场上,他们身姿挺拔,迈着矫健的步伐,意气风发。我能感受到他们的坚韧,更感激他们用生命换来的安宁;我走进社区课堂,带社区儿童领略科学的奥秘。我站在讲台上,看到了孩子们求知的渴望目光;我响应国家环保政策,宣传垃圾分类知识;我站在彩色垃圾桶前,看到了生活环境的改善……我走进孤独症儿童康复中心,看望那群"星星的孩子"。同样生在阳光下,长在春风里,我希望他们都能够感受到外界的关怀与爱意,能够打开心扉和我们说说心里话,能够自由、快乐地成长。

叶落花飞硕果丰,冬来冰雪孕春容。做了这么多活动后再思索,我们到底为什么要做志愿服务?"我愿做一颗水珠,当阳光照进来我愿把所有的光和热反射给所有人。"对于志愿者而言,是志愿服务让他们深入地走进社会,观察、体味人生百态,在传播爱心的过程中实现自我价值。万物皆有裂痕,那是光照进来的地方。对于志愿对象来说,是志愿服务让他们感受到外界的温暖和善意,得到心灵上的抚慰和精神上的激励,能够带着爱和力量面对未来的生活。对于整个国家而言,是志愿服务弘扬了乐于助人、奉献自我的精神,让社会变得更加美好。

急困难者之所急,帮困难者之所需。志愿服务精神概括起来是奉献、友爱、互助、进步。古往今来,无数事实告诉我们,没有勇于奉献的精神,就没有现实中的伟大成就。奉献的最大价值不在于实在的业绩,而在于它彰显了一代人的风范,点燃了一代人的激情,激发了一代人的干劲,鼓舞了一代人的精神。这种精神是脚踏实地,是看得见、摸得着的,是人人备受鼓舞的,是实实在在的无私。有了奉献精神,志愿服务就有了活的灵魂和行的力量。

"不啻微芒,造炬成阳。"不一定要做轰轰烈烈的大事,一句激励的话语、一个善意的微笑、一个温暖的举动,都可能在不经意间成为别人的力量。微芒成炬，定能照亮山河。让我们新一代青年共同携手，担当起社会责任，让无声的爱传播在祖国的每一寸土地！

（文/刘飞扬）

用爱照亮前行的路

爱是一种无声的诺言，只要轻轻一点火花，就能让世界充满温暖；爱，是一种无偿的交换，只要小小一缕奉献，就能让彼此真诚相待。而志愿服务精神，也正是爱的最重要的体现之一。它如一缕阳光，总能拨开重重乌云，照亮前行的道路，照亮世界、温暖他人。我和志愿服务之间的故事，是一个很长很长的故事。

在进入大学之前，我一直单纯地认为志愿服务就是去敬老院看望老人、去大街上清理小广告这样的事情。诚然，这些都是很有意义的活动，正所谓“赠人玫瑰，手有余香”，帮助别人自己也是快乐的，但是那时的我其实并没有从中体验到很多关于自身发展的感觉。直到我迈入了大学的大门，我才对志愿服务有了更加深刻的认识和理解。

最早和大学的志愿服务相识，是在正式入学之前的新生群里。那个时候，群里有几位非常热情的学长学姐，他们总是活跃在群里，帮助每一个学弟学妹答疑解惑。后来，我也添加了他们的好友，从咨询问题开始，一点点地和他们熟悉起来，也向他们吐露自己对未来大学生活的担忧。他们总是不厌其烦地耐心给我解答，热情地分享自己的经验和教训。他们的热情深深地感染了我，也使我打消了对未来大学生活的许多担心与顾虑。有一次，我好奇地问一个学姐，你们为什么总是这么热情地帮助我们呢？她说：“我们这是在志愿服务呀！去年的这个时候，也有过很多学长学姐，像现在的我们一样服务新生，一年后说不定你也会成为像我们一样热情的学长学姐。”那一刻，她在我心里种下了一颗种子——成为像她们那样有爱的志愿者。

我想，或许就是你成为志愿服务的受益者的时候，才能真正体验到志愿服务是一个多么有爱的行动。自此，我的真正的志愿服务故事就正式开始了。

开学伊始，我加入了学长学姐所在的调研权益中心。调研权益中心是在日常生活中广泛收集同学们的各种权益问题并解决问题的部门。同时，山大"权小益"也是为同学们答疑解惑的平台。我想这个部门是一个实实在在地服务广大同学的部门。在"权小益"为同学们服务的两年间，我为数不清的同学答疑解惑，反馈并解决他们的诉求与建议。每当有同学的问题得到解决，并高兴地和我说"谢谢小益"的时候，我真的觉得心里是无比幸福的。记得有一次在师生服务大厅值班，有一位头发花白的老教授来到服务台前向我咨询如何用微信给一卡通充值。尽管这并不是我的本职工作，但我依然耐心解答并操作示范，老教授学会操作后满面的笑容让我也一整天心里暖洋洋的。我的大学生活其实一直都不太顺遂。因为一些原因，我读了一个不适合自己的专业，纵然自己非常努力，但是在学习方面始终取得不了理想的成绩。我一直觉得自己的大学生活是乌云密布的，但是志愿服务工作像阳光一样，照亮了我的大学生活。是志愿服务让我觉得我是一个可以发挥价值的人，是一个能被人认可的人。志愿服务的光照亮了我前行的路，在帮助别人的过程中发现了自己的价值，岂不美哉！

进入大学两年来，我参与的志愿服务从调研权益中心的活动不断向外拓展，热爱音乐的我参与了一场场志愿演出，为同学们带来快乐。在抗击新冠疫情战争中，我积极献出自己的力量，急同学之所急，为同学解决困难。在志愿服务的过程中，我认识了许许多多和我一样热爱志愿服务、志同道合的朋友，和他们一起努力，服务社会。他们在志愿服务活动中散发出的光与热，同样也温暖、照亮了我的心田，而在我遇到困难的时候，他们也会及时地向我伸出有力的援手。

献出爱的志愿服务历程，于我而言，就是一条无比光明的道路，以志愿服务之光，照亮自己的人生之路，也给世界增添了光与热，为他人带去了温暖，这也定是我毕生追求的理想。

（文/李权乘）

流转不息的微光

从中学时代开始，我便很喜欢一个英文短语“pay it forward”，翻译成中文叫“将爱传递”。这个短语的精妙之处在于传递的方向。当人们接受帮助时，想到的不是 pay it back 求回报，而是 forward，而是把这份帮助向相反的方向交付，将这份帮助传递给更多人。

当我第一次走进大学校园时，我感受到的并不是陌生与惶恐，而是温馨与宾至如归。这一切都要归功于迎新志愿者的努力——在校门口引导新生入校，帮助新生搬行李、完成注册手续，带领新生乘坐摆渡车前往宿舍……环环相扣的志愿服务让作为新生的我几乎不需要思考便可以顺利完成报到、平安到达宿舍。温馨惬意成了我的大学初体验，也成为我的大学生活不错的开端。

我并不认识当初给予我帮助的志愿者们，除了报到时的当面感谢，想要再度表达感激之情终是无门。于是，将这份爱传递下去便成了我的不二选择。当成为大二“老生”，我选择成为一名光荣的迎新志愿者。我想为那份爱的传递尽些绵薄之力，我也希望能给新生们留下一个不错的大学初印象。

迎新志愿服务都是些小事：给新生指路、帮新生抬行李、送他们回宿舍……也就是这些小事，充满了各种有趣而温馨的瞬间。

在迎新现场，我们学院定制了“迎新路牌”，搭配着各式各样的氦气球，学院迎新站点很快便成了“网红打卡圣地”。听说这个几十斤的路牌是志愿者学长一个人扛过来的，因为物件太大，进校门时还被保安大叔当成了可疑分子。费尽千辛万苦把路牌搬进来了，路牌底座又出了问题，学长忙向物业大叔求助，借来电钻螺丝刀，才算把路牌安顿好。在迎新现场，学长神采奕奕地向我们讲述路牌的故事，虽然他嘴上说着“累死了”“再也不干这种事了”，但看他的神情，想必下次有这种事，他还是会冲在第一个，毕竟每次有同学和路牌合影，他都总是难掩嘴角的笑意。

我的第一项任务是送一名新生回宿舍。这名新生是个活泼开朗的女孩，一路上蹦蹦跳跳，和我们有说有笑，一点看不出局促和拘谨，反倒是第一次迎新的我显得有些腼腆。在她热情活力的带动下，我也很快进入了状态，一边走一边为她介绍学校概况。她听得很认真，还不时冲我点点头，这让我很有成就感。等我们到了宿舍楼下，她突然开口："学长别忘了检查检查口袋！"说罢便蹦蹦跳跳跑向另一位迎新学长。不知什么时候，我的口袋里多出了两颗糖，当我抬头看向她时，她正悄悄地往另一位学长口袋里塞着些什么东西。这颗糖很甜，甜到心里的那种甜。

迎新当天人流量很大，摆渡车供不应求，各种其他车型也投入到了迎新的大潮中。当我们带着两名新生在摆渡车停靠点旁等车时，一辆三轮车不偏不倚停在了我们面前。还没等我们反应过来，骑三轮车的大爷便冲我们笑笑："走，上车。几号楼啊？"我的心里有些犯嘀咕，从来没有坐过三轮车的我面对眼前这个庞然大物，一时间有些为难。这位新生也对眼前情景有些发蒙，面面相觑间，我们一边打趣，一边傻乎乎地笑了。翻身上车、相互扶持，在大爷的鼓励下，迎着初秋的晨风与朝阳，一路上摇摇晃晃，很快便平安到达了目的地。

成为一名志愿者，去帮助别人吧！那是对曾经受到帮助的感激，那是对爱的播撒和传递。当初带我进学校的学长把帮助和关怀的火种交付于我，点燃了我内心的炽热。现在，我用志愿的火炬将它传递，将这束星火微光带向远方。我想这大概就是传承吧！

（文/李梓杰）

永远在路上，做力所能及的事

从助人为乐到服务他人，同行互助这件事情，仿佛就一直在进行着，我总会抽出时间去践行。或许，这也是长期以来老师和父母教育的结果，我从进入中学就形成了志愿服务的习惯。一开始是陌生地接受,到后面就变成了欣然地主动,我的心理也发生了不少的变化。在服务团队中体会服务他人的幸福,体会合作共赢的力量与成长。“独行快,众行远”的真谛我深信不疑,同时这也是我对大同世界、社会主义等理想的理解。

在志愿的道路上,读万卷书、行万里路是我全部的青春,二者缺一不可。但凡少上一个,另外一个也就失去了依靠,摇摇欲坠。在这一过程中,我逐渐明白了学习、实践的意义。倘若不去实践、不去奉献,或许生活就会变得狭隘。同样,也是在这样的学习和社会实践之中,我领悟了那些思政课上的道理。假期志愿服务在一个团队下也变得格外出彩,或是到乡村进行实地调研学习,或是去偏远地区帮助孩子们学习,或是去养老院、福利院。每次活动时,我都时刻不忘佩戴好自己的团徽和义工徽。这样的行动,开始是为了一张证明,后面体会到了感动和快乐,在上百次的服务中感受到了自己为此努力的真正意义。读过的书或许还没有万卷,但是把收获的知识分享给那些渴望知识的孩子,当他们为此孜孜不倦向前攀登的时候,我也找到了奋斗和学习的初衷,这也激发了继续前行的力量;或是当进行科学创新实践时,我体会用自己的双手解决问题提高效率的快乐;或是在水火箭飞起来的那一刻,我找到了学习的意义。这也引导着我走向更加美好的生活。走过的路或许已经破万里了,大江南北的人们都值得热爱,山川河溪间的人们为了生活不曾停止奋斗,即使各不相同却在自己的岗位上绽放着自己的光彩,也曾一同在脱贫攻坚的统一战线上,在溯望文字展望文学“无问东西”的文学之旅上创造着自己与中国底蕴结合的艺术,或是一同在科研强国的“科创强企”的道路上打造着团队与中国科技同步向前的国之重器!延安,洛阳,成都,重庆,上海……走不完的路,看不尽的书。倘若在涉猎中有所思考能够抓住其中的共同点,不忘初心,那么不论终点在哪里,路上也将充满光,不会迷路。

志愿服务与实践,也会有布满阴云的时候,也会面临各种问题和困难。见过道路中的风暴与雷雳,看过不被理解的关门冷眼,感受过夜以继日之后没有得到认可的无奈无力。穿过夏夜肆虐的暴雨,走过寒冬冰封的道路,举步维艰,踌躇徘徊。不曾打败我们的,是每个人心中的那份热情,是夜空中相互鼓励而燃起来的火焰,是那些会治愈一切的小朋友的笑容,是那通仅一面之缘的奶奶打给我的新年电话。就像指导老师说的那样，正是因为这个世界还有瑕疵，所以志愿服务需要继续。我们不再心灰意冷，也不再为自己的挫折徘徊不前，我们开始寻求更多的解决办法，去转换更多的思路，去寻找更合适的方式继续我们的志愿服务。这或许就是实践的意义，它让我看见了这个世界更多的样子，也让我变得更加成熟；这或许就是志愿服务的意义，它让我感受到了温暖，感受到了力量。

大学中的志愿服务不仅仅是"为同学服务"，还是"为社会服务"，我这个山大人理应刻不容缓地去贡献自己的力量。作为一名怀揣青春理想、渴望为民族复兴事业贡献一份力量的大学生，我深刻地体会到了为人民谋幸福、为民族谋复兴的意义。为了实现这一目标而做出种种努力、弘扬种种精神品质，就是贡献力量的极好办法。

（文/刘佑翔）

第三话|“青马”赴山海，山海皆可平

在山的那边

怎么能不纪念呢
第一次实现了大山支教的理想
那是在美不胜收的桂林

还记得那次全村停电
一群人躺在草地上唱歌，用影子比心
我们啊，在山的这头
看到了满天繁星

还记得一个个调皮热情、怀有梦想的小朋友
他们课堂上的神采奕奕
他们课间时的生龙活虎
他们那一封封稚嫩但真挚的信
我们啊，在山的这头
看到了单纯和美好

还记得一顿顿伙伴们烹饪的大锅饭
一份份熬到凌晨的备课教案
一次次迎着朝阳和晚霞的翻山越岭

我们啊,在山的这头
看到了一片真心

还记得 12 个可爱贴心的队友
男生会帮女生拎行李
会负责倒泔水
女生们则把厨房和教室收拾得干干净净
我们啊,在山的这头
收获了珍贵友谊

是两周吗？不,是二十几个小时辗转的路程
是 14 站公交车
是每天讨论到凌晨的趣事
是到来和离开时都出现的双层彩虹
是 336 个小时,20160 分钟

教育是一朵云推动另一朵云
一棵树摇动另一棵树
我是被推动的云,也希望成为摇动他人的树

（文/郑翊琳）

饮水思源,缘木思本

他有着与大多数农村孩子相似的童年:读书的教室,是用砖瓦搭起来的平房,墙体早已被风雨侵蚀得斑驳不堪;小学里甚至没有一个像样的操场,更不必说罕见的娱乐健身设施;手工缝制的棉袄和布鞋,是小朋友们的审美启蒙;冬天取暖用的炉子、夏天渴望的过堂风,成为孩子们对四季变迁的基本感知。

他甘之如饴。时至今日他仍然怀念在那间小小平房里无忧无虑的时光,那段被保护得很好、能够无限包容他的天真、好奇、调皮以及一切天马行空的想法和行为的时光。

与简陋的环境共同存在的,是逐渐认识到的狭窄闭塞的视野和僵化保守的思维。年龄渐长,他愈发想要了解外面的世界。村庄太大,大到无所适从;村庄太小,小到装不下心里的梦想和对未来的渴望。年少的他把所有想法都装在心底,不懂得如何控制自己的情绪,也不懂得如何合理表达。

直到她的到来,像是从他心里的裂隙照进一道光,点亮了他的全部。她是一位支教老师,但不只是一位支教老师。她的一举一动无不体现着深厚的涵养和不凡的气质,她像一泓清泉,将原本有些暴戾倾向的他洗涤干净。她给总爱在地上打滚的孩子们讲解讲卫生、勤洗手的必要性,还给孩子们带来了最新的教学用品,告诉他们理想之于人生的重要性;她分享她的人生经历,用自己的故事激励孩子们努力学习,健康长大;她还组织各种活动,在她温暖的臂弯里,他第一次感受到了真诚的爱意与关怀。

如今的他回忆道,自己的人生观和价值观,大抵就是在那个时候被正确地树立起来的。在她的指引下,他逐渐清楚了自己努力的方向,从前的困惑和迷茫渐渐变成了过眼云烟。从那时起,他变得更加努力,他希望通过一次比一次优秀的成绩去见识更大的世界;他希望能够凭自己的力量站在更高的平台上,洞察更为广阔的天地;他希望,能成为她。

行文至此,人称得以转换——我就是文中的"他"。我至今仍能记得她的模样,她教会我如何做一个有担当、有责任心的人。她用自己的行动告诉我们,每个人都可以通过自己的力量去改变生活和周围的环境,并且帮助他人。她让我明白,任何困难和挫折都不是不可克服的,只要有勇气和毅力,就一定能够成功。求学十余载,其间遇到的困难不计其数,唯有勇气和毅力让我一步步走到了现在。

饮水思源,缘木思本。考进山东大学后,我愈加希望能够通过我的力量帮助到更多和我有着相似经历的孩子,他们需要鼓励,需要有人在他们心里播种。于是,我加入了学校的支教团,做了很多支教志愿活动,成为一名支教老师。每当看到那些目光清澈、对未来充满希望的孩子们,我都会不由自主地想起那个差点囿于村庄的我,想起她的教诲,想起一路以来不断努力的种种经历。我的支教经历也许并不能够彻底让孩子们明白努力的意义,但如果能够给他们带来一些前进道路上的鼓舞,一些对未来发展的思考,我想便已足够。我感恩她点亮了我的人生之路,让我找到前行的方向与目标;薪火相传,我也必将用自己的人生经历和学到的知识,去传递这份沉甸甸的鼓励和恩情,用希望的火炬,温暖更多人的前程。

(文/邵佳浩)

青青仓木,始于关爱

人生那么长,总要做些有意义的事,这是我刚上大学时的愿望。于是,我怀着一颗赤忱的心报名了"七海公益",与志同道合的同学们一起加入"志愿有我·让爱飞跃万山"鲁喀专项志愿支教活动,成为一名公益志愿者。

正是因为自己淋过雨,所以更希望给别人撑起一把伞。作为从新疆出来的孩子,我能切身地体会到新疆与其他地区的教育差距。虽然近年来新疆教育有了很大改善,但受地域影响,一些偏远村落学校的教学条件还是不太好,无论是硬件设施还是师资力量都相对落后。为了能够帮助更多的孩子,让他们能够学到知识,了解到更多外面的世界,我决定参加支教活动。

在疫情防控常态化时期,我们只能通过线上的方式给孩子们上课。在支教活动开始,我们团队遇到了许多困难。我们经常开会协商讨论,想方设法解决各种问题。尽管支教没有我们想象得那么美好顺利,可是我们依然微笑着坚强面对,遇水搭桥,遇山劈山,克服一切艰难险阻进行支教活动。团队的每一个人都相信,只要我们足够坚持,没有什么是做不到的。

一开始因为教学经验不足,我的压力还是蛮大的。最初,我选择根据教材制定授课内容并通过课件进行讲授。但后来在与学生交流时,我发现如今的教材已经与我读初中时全然不同。经过一番商讨，我又决定用他们的寒假作业去讲新课。每节课前，我都会让他们发来新一节的寒假作业，然后根据上面的知识点安排教学并组织练习。这种授课方式十分有效，不仅让学生提早完成了寒假作业，而且让他们扎实地掌握了所涉及的知识点。小朋友们一声声甜甜的“老师好”“谢谢老师”给予了我自信。学生真诚的反馈让我觉得所有付出都是有意义、有价值的。

在支教最后，一位女孩的母亲向我表示了感谢并希望下一个假期我能再来。这是我第一次用自己的所学给有需要的人以帮助，那一刻，我感受到了自己的意义，也感受到了帮助别人的快乐。支教的故事还在继续，未来的路还很长。

在和小朋友相处的这段时间里，除了帮助他们，也有对自我的监督，如一起打卡记录，无论是运动、阅读还是学习，都需要自己先动起来、看起来、学起来。同一时间和不同年龄段的小朋友相处，也有很多乐趣，听她们讲述自己的所见所闻、回忆自己青春期的小心思，都充满了乐趣。对同一件事的不同想法，是我们成长环境、年龄阶段、思想的碰撞，求同存异的交流和相处既是挑战也是收获。于我而言，这次支教活动不仅是一次经历，更是一次成长。

掬一捧月华在手，枯荣明灭，皎皎百年千秋，感叹时光的流动与温存。我们实现理想的前景无限广阔与光明，胸怀天下方可大展宏图。未来是属于青年的，我们生逢其时，重任在肩。

我问自己：在这青春年华里，我能做些什么？我想尽自己最大的气力，用自己的所学去帮助有需要的人，这就是有意义的事。能做的事还有很多，还需要做很多，我也会去做很多。每个人都有潜在的能量，只是很容易被习惯所掩盖，被时间所迷离，被惰性所消磨。与其临渊羡鱼，不如退而结网。苍鹰的骄傲是飞翔的双翼，人生的意义是不断地追求。不要等错过才悔恨，不要等年老才怀念。时光一去不回头，我们应该抓住每一个当下，奋力飞翔。

（文/王晨曦）

去支教，去远方，去播撒希望

"到远方去，到远方去，熟悉的地方没有景色。"汪国真先生的话，隐含着出发的真谛。在我看来，"出发"意味着"跳出'安乐窝'迎接挑战，走出'舒适区'逆风飞翔"。这是一种自我挑战，同时也是遇见更完满的自己的开始。

为了"全心释爱，薪火相传"的信仰，为了去点亮"最初的那一点微光"，我决定前往临沂支教。那是青年人不愿留下的家乡，是老年人驻守耕耘的地方，是当地县城有名的穷窝窝……太和庄村虽然只有一条像样的水泥路，但水泥路旁是当地最好的建筑——白露小学。上学时间你总能看到老人骑着三轮车或是摩托车，载着下地干活要用的锄头镰刀和渴望用知识改变命运的孩子。

疲惫忙碌与欣喜感动交织，16 天的支教生活，有太多瞬间让人潸然，有太多爱意难以言说，有太多感动值得铭记……

支教期间，每天早上我都在马路旁迎接来上课的孩子。通常鸡鸣时分我就已经醒来，倒不能完全归功于勤奋，主要还是因为乡亲们想趁着早上温度舒适能多干一些农活便早早地就顺路把孩子送来多学一些东西。

为了开阔孩子们的视野，交换彼此眼中的风景，为他们打开延伸到星轨的窗，我带领支教队伍开设了许多特色课程。

手语课上，所有的孩子跟着老师，伴着《感恩的心》，学起了手语。"感恩的心，感谢有你……"孩子们求知的双眸中透露着认真，他们努力伸直胳膊把手语的动作做到标准。当所有孩子一同挥动双手比画出爱心的那一刻，我心头涌上的感动真的不知如何描述……

"教育真的能改变一个人吗?"在目睹小泽的变化前，对这个问题我一直持中立态度。但如果现在有人再这样问我，我会无比笃定地回答："会！一定会!"小泽是个让我无比头疼的孩子，调皮叛逆是他的"标签"。他不但自己不爱听课，还总是搞得周围同学都无法听课。谈起他来，许多前来支教的老师都会长叹一声,继而“摇摇头”,再“摆摆手”,尽显无奈。

我清楚地记得,那是一个下雨天,他在课上与旁边身体患有偏瘫的孩子起了争执。那个孩子身形瘦小,用“皮包骨”来形容都毫不夸张。看到争执愈发激烈,我把小泽叫出了教室。我没有大声斥责他,也没有语重心长地教导他,我只是轻轻问他能不能带我去四处逛逛这个不大的村庄。他没作声,但我知道,他这是答应了。于是,我们就去了他父母劳作的地里。他妈妈披着斗笠在雨幕里干着活,她的雨靴沾满了泥垢,雨水顺着她瘦得脱相的下巴滑落。我让小泽看着雨中的妈妈,对他说:“如果你觉得你继续这样下去对得起你妈妈的话,那老师以后绝不会在课堂上多说你一句。”回到教室后,他竟然打开书包拿出了“崭新”的课本,默默地端正了坐姿。自此,课堂上踊跃回答问题的小手中又多了他的那一双……

做一缕阳光,可以在贫瘠的土地上洒下橘黄色的温暖希望;做一朵云,温柔地推动另一朵云迎光而行……

在我的印象中,小伊本是孤僻沉默的。哪怕下课后,她也是一个人默默站在角落。16天的支教,不论是阴冷的雨天还是燥热的艳阳天,她一直穿着她那洗得泛白的牛仔裤和粉红短袖。她很瘦,瘦到风经过她时,都要慢下脚步。因为她太过瘦弱,所以我总是格外注意她。有一天,她因为没胃口吃午饭,在下午上课时突然不适。我悉心照顾着她,直至她恢复如常。那天,沉默的她竟冲我暖暖一笑,那笑就像草莓糖,又甜又软。打那之后,她仿佛踏上了成为“小话痨”之路,一下课就黏着我,叽叽喳喳地说个不停。

在这个明晃晃的夏天,从初来乍到、初为人师的忐忑激动到和孩子们一起毫无顾忌地咧嘴大笑,再到离开前不时泛起的阵阵酸涩,我与孩子们的故事是感动,是欢喜,是美好,更是抹不掉的难忘记忆。心之所往,筑梦以航,我奔赴山海,书写着一场场邂逅“爱”的故事……

去远方,去支教,去贫瘠的土地播撒希望,去为大山的孩子打开仰望星空的窗……

(文/季宏甜)

以一抹微光，筑未来的梦

如果成为一名老师，你应该做什么？这个问题，从进入大学开始，我便开始问自己，从教育学原理到教育心理学，我仿佛一直没有找到最确切的答案。

2022年5月，我与小树林支教团结缘。来自六个学院的我们组成了可晖支教队，无数次的线上共同备课与试讲、一份份教案的编写、一套套试题的审核、一篇篇支教日记的撰写，团队的每一个人，都在为8月的见面做着准备。我知道，不久的将来，我就要从学生身份变为孩子们口中的"老师"，而一声"老师"背后承载的，是莫大的责任。

我负责的是九年级的数学和化学课程。因为是对高年级同学进行教学，尤其是在学生们备战中考的关键时期，所以我们肩上的责任自然就更重了。尽管在支教启程前已做好了教案，但直到正式上课的前一晚，我还是很忐忑、很紧张，总觉得不够完美。于是，讲课稿改了一遍又一遍，例题磨了一遍又一遍，终于在凌晨两点备课完毕，心里的一块石头才随之落了地。

课堂的顺利程度远超我的预期。同学们的积极配合让"躺"在纸面上的数学题"活"了起来，认真听课的他们会记住我强调的知识点，并能在习题训练时熟练运用。听到他们口中说出的正确答案，我感到满满的欣慰和高兴。

我记录着支教活动的点点滴滴，记录着孩子们的进步，记录着队员们的成长，记录着收获的感动。首日的破冰活动，很多孩子都是言少害羞。但后来，让我欣喜的是，他们不再因害羞而低下头，而是昂首认真听课，积极配合老师的教学活动。队员们认真教学的模样也被留在了镜头里，留在了文字中：写得密密麻麻的教案、针对每个学生个人能力的分析、用心制作的精美课件、整齐优美的板书……微信群里有家长发来打油诗，以表感谢；烈日炎炎，热情的村民送来自家的交通工具方便我们出行。有那么多瞬间，我们感受到了莫大的温暖与支持。志愿活动的意义，或许正在于此吧！我会带着这份美好,一直走下去。

支教的时光倏忽而逝,可晖支教队的河东支教之旅即将画上句号。拍完大合照,一起喊出那句“晖光日新,未来可期”,和学生们挥手告别。不擅长离别的我终究也需要面对这一时刻。回想 15 天前的首次见面,恍如昨日。

离开河东后,我收到了学生写来的信,信里写道:“听牛老师说,您每天做学案做到很晚,您的课应该是最多的。想说一句,王老师,您辛苦了!您的课真的很不错!”原来,我讲的课,学生们真的听到了心里。原来,我课外的点滴努力,也会被他们记在了心上。简短的信件,从头到尾,我读了又读,一遍又一遍。

如果成为一名老师,你应该做什么?半月有余的支教经历,让我找到了那个答案——担起责任与托起希望。恰如可晖支教队的口号“晖光日新,未来可期”那样,我要成为一抹微光,用一颗赤诚且负责的心,托起未来的希望,筑下灿烂的梦。

(文/王艺荣)

织爱成炬,繁星漫天

有人告诉我说:“每个孩子都是一颗兀自闪耀的星星,如果拂去他们脸上的尘埃,便能出现繁星明亮。”我愿意去做拂去尘埃的人,去做漫天繁星的见证人,因此与沂南的孩子们结下了不解之缘。

初见难忘,星触胸膛。2022 年 8 月 3 日,是沂南支教期间第一次进行家访的日子。我和队友们跟随着临沂市关心下一代工作委员会孤困儿童心理辅导志愿服务团沂南团的志愿者一道驱车上山。看到山间的景色,我是欣喜的,但之后的一整天,我的心情都是五味杂陈。我惊愕于那座快要坍塌的破旧房屋,钦佩于身处困境却阳光向上的坚强女孩,感动于失去双亲小男孩的满墙奖状……看到这些，我更加懂得了此行的意义。星星在我胸膛间现出微光，我知道我要竭尽全力，为这些孩子带来一抹光亮。

八月盛夏，星满沂蒙。那段日子里，备课、上课、开会，三更睡五更起是常态，但那些求知的眼睛、那些天真的笑脸，让我不能也不敢停止传递星星的光芒。我曾无数次想象自己站在黑板前的模样，为了能有一个“小老师”的气质，我无数次偷偷练习，更数不清改了多少遍课件和讲稿，所有的辛苦都在站上讲台看到孩子们充满光芒的眼睛时烟消云散了。那个夏天，我最爱的是夜晚，我想对孩子们来说应该也是。每个晚上，我们都伴着月色长谈。当孩子们打开自己的坚硬外壳，对我讲出他们的故事，吐露出他们的心声时，我感动不已，这是他们对我的信任，这也让我更深入地走近了他们。我用心呵护孩子们的梦想，用心倾听他们的故事，用心感受他们的世界，我希望我能以自己的方式竭力拂去星星上的尘埃，让他们散发出更闪耀的光芒。10天的时间转瞬即逝，离别的日子很快就到了，孩子们将排练了无数次的《听我说谢谢你》唱给我们听。但我想说：我更想谢谢你们，谢谢你们上课时的积极回应，谢谢你们特意给我留的饭菜，谢谢你们讲述给我的故事，谢谢你们送给我的一封封手写信，谢谢你们给了我这么大的信任，谢谢你们带给我这么多的感动，谢谢我们能够相遇……离开的那晚，我满眼泪光，抬头发现，夜空中繁星点点。

冬日重逢，星散云端。夏令营结营那天，我跟孩子们告别，“孩子们再见，但我们的再见不会是再也不见，而是下次再见！”这是一份承诺，也是一种期望。所以，2022年的寒假我又加入了沂南队。由于特殊情况，我们这次的支教活动以线上冬令营的形式开展。这对我来说是一次不小的考验，所有根据线下支教设计的特色环节都不得已被推翻了，而且留给我和队员准备的时间少之又少，我们担心线上课程的互动性，担心孩子们会对我们产生距离感，担心孩子们的学习效果会大打折扣。为了呈现更好的效果，我带领团队不断调整课程和授课方式，不断进行讨论、打磨。令我们欣慰的是，孩子们的学习热情依然高涨，他们也并未因为线上的形式而和我们产生距离感，每天的小组自习和谈心环节都有很多孩子主动和我们进行交流。作为队长，我今年的责任更大、任务更重，几乎每天都要忙到深夜，但是每当有孩子提醒我注意休息、对我说谢谢时，所有的疲劳都一扫而光，感受到的是满满的幸福。闭营前,我将志愿者们对孩子们说的话整理成了“给孩子们的一封信”,并在闭营仪式上念给孩子们听。那晚,我的声音略带哽咽,但摄像头里的我一直在努力微笑。我没有和孩子们说再见,送给他们的只有祝福,期待着他们成为那个闪闪发光的少年。

不管是逾山越海,编织拾光影片,还是云端相聚,拼凑知识图谱。两段支教经历都带给了我太多太多的东西,我相信那些微笑的面孔和美好的回忆并不会被时间的沙尘风化,反而历久弥新。不论将来见面与否,我们总会想起那段共同的记忆。李晴团长和我们说:“做公益是会上瘾的。”是的,做公益、做志愿者真的会上瘾,这好像已经变成了一种信念,并成为我生命的一部分。未来,我也将继续肩挑青春的重担,承写青年学子之名,展现山大青年担当!

(文/高旖苒)

携一颗真心来,留一汪暖洋去

人生的意义不在于索取,而在于奉献。起初,我还不太懂得这句话的深刻含义,只是凭着满腔热情走上了志愿的道路。

四季轮转,岁月更迭。这一年,欣欣向荣的春天听到了我为山区孩子们录制的晚安故事;骄阳似火的夏天看见了我马不停蹄转运核酸样本的身影;硕果累累的秋天见证了我迎接学弟学妹们的笑容;静谧纯洁的冬天记录了我与支教孩子们深厚的情谊。

说起支教,这是生平第一次。长期以来,我都十分向往成为一名支教志愿者,幻想着自己可以在广阔的原野上带着孩子们游戏,在不大的教室里为孩子们讲述外面的世界和有趣的知识……今天,我终于如愿前往沂南,开启我的首次支教之旅。然而,新冠疫情突发,原定的线下支教只能转为线上,所有的前期准备都需要推倒重来。怎么保证线上的上课质量?如何和孩子们达成良性互动？面对全新的挑战，我们一遍遍地讨论，一遍遍地准备。就这样，满怀着忐忑与憧憬，我迎来了开班仪式。隔着屏幕看见孩子们的那一瞬间，我的内心似有海浪汹涌，难以平静。在自我介绍时，我激动地说道："小朋友们，我们终于见面了。"这一刻，我觉得所有的付出和准备都无比值得。

但好景不长，很快我便感受到了现实与理想的差距。作为助教，我一边督促孩子们准时上课，一边关注课堂情况。可我发现有的孩子总是联系不上，有的孩子被提问时毫无反应……此类情况不胜枚举。更令人难过的是，小组对接帮扶的小孙同学，和她的每一次聊天就像是一场奇妙的"三字经"游戏，她的回复从来不会超过三个字。我开始怀疑自己：我的到来真的有意义吗？是不是我什么都无法改变？挫败感在那一刻如潮水般席卷而来，但我想我要坚持。如果这些孩子像是一把锁，那我就要去寻找那把打开锁的钥匙。

事情的转机发生在一天晚上。在我与孩子们聊天聊到爱好时，其他的小朋友纷纷回答，"我喜欢拍照片"，"我喜欢读诗"，可小孙同学依旧没有说话。我决定问问她："听之前的声音，我猜你肯定喜欢打篮球"，"我猜你喜欢理科"……"我喜欢文科！"小孙同学终于开麦了，仔细听语气里还有点无奈。此时，小王老师趁热打铁问道："那你们就没有看小说这种爱好吗？"我接着说道："对啊对啊，你们都爱看什么小说？"这一刻，气氛被彻底点燃，小孙同学的话匣子一下子被打开了。那一晚，我们从小说聊到友情再聊到学习，我与小孙同学的关系被无限拉近。也正是自那时起，我们成为生活与学习上无话不谈的"朋友"。

我始终在想，这把"开锁的钥匙"究竟是什么，是我们都爱看小说的巧合吗？不是！真正打破隔阂的不是阴差阳错谈及的小说，也不是努力寻找话题的聊天，而是与孩子们的平等交流、友好沟通、亲切对话。是我们的态度让孩子们意识到，这些老师像是一群热心可爱的朋友与哥哥姐姐。看着孩子们愿意一点点卸下坚硬的外壳，我终于明白了支教的真谛——"携一颗真心来，留一汪暖洋去"。

每一名孤困儿童的身后，可能都有一个支离破碎的家庭，以及一段不堪回首的往事。因为生活艰难、缺少关怀，有些孩子身体发育不良，有些孩子性格孤僻，还有些孩子成了别人眼中的“问题儿童”。我们应该用最恰当的方式、最温暖的姿态呵护好孩子们那敏感脆弱的心灵。

温情不会消散，我与孩子们的故事还在继续。如今，我和孩子们依旧会通过微信分享过年趣事、学习烦恼。他们消解了我在学业与拼搏中的忧伤与迷茫，我也在他们小小的世界里开了一扇五彩的窗。

“携一颗真心来，留一汪暖洋去。”公益路上，这便是我最纯粹的初心与信仰。

（文/刘议莲）

第五目　奋思笃行，共抒韶华

【编者按】 回忆是时间的礼物。我们一边用美好的回忆去编织来时的路，一边用不断行进的方式去丈量脚下的路。对于青春和成长，对于家乡和学校，成仿吾英才班六期学员们都有着自己独特的经历和感悟。我们在各自的路上记录着来时的辛苦，我们分享着彼此的疲惫与快乐。我们彼此的人生之路在成仿吾英才班交汇，又因成仿吾英才班，我们在相同的方向上并肩前行，延展着我们的路。直行或是转弯，我们最终都会相见。

第一话 | 青春扬帆，不负韶光

无问“普通”

很喜欢蒋震图书馆走廊边的座位，阳光斜斜地从落地窗打到我的桌子上，我顺着望去，知新楼把天空围成一方湖泊，那抹蓝总能映出我的影子，奋笔疾书的、疲惫沉寂的、自信昂扬的……那些不同时刻里我的影子，折射出我的过去、我的现在，或许也会有我的未来。

高中时候的我也是这样，坐在教室窗边的位置，向窗外望去，水池边泛起的涟漪是蓝色的，在太阳下流光溢彩。来往跑过的少年带起一阵裹着青草香的风，撩得窗帘微微动。在一声声上下课的铃声中，我度过一个个平常而不“普通”的日子。

不知道你有没有这样的感受，总想着自己会不会就是那个“天选之子”，这个世界上会不会真的存在那样一本书，而自己就是这本书的主角。小时候的我这样想着，长大后即使明白了地球是圆的、世界上没有神、世界是物质的等这些科学理论，我依然会在某些时候觉得我是不“普通”的。

中考完的那个夏天，我看着网页上显示的成绩，想象着未来的高中生活该是怎样的美好。全县前十的成绩确实能带给人足够的虚荣感和满足感，我还能记得第一次踏进高中学校时的雀跃，那时还没开学，校园里空空的，只有我们几个中考成绩较好的孩子来提前上课了。在这种静谧里，老校古朴庄重的气质也就更突出了。盛夏烈日的光芒打在树叶上反射出粼粼波光，剩下几丝光芒透过细细碎碎的枝叶打下来，散落满地碎金。大礼堂朱红的瓦被灰尘染得斑驳，几只鸟儿常在上面歇脚，不停的蝉鸣带来几分盛夏的躁意,压在枝头树梢,像极了动漫的开头、一切梦幻般故事的开始。但很遗憾,故事的走向逐渐脱离我的想象。我因着一贯的自信而忽视了数理科目的学习,在正式开学时的那场考试中成绩一落千丈。

"47 分,你?"我大概这辈子都不会忘记这个红色的数字,与之相伴的是难堪、焦虑和一次又一次对自己的怀疑。

我已经记不清是从什么时候开始陷入精神内耗了。也许是正式开学时的这场考试,也许是后来"奥赛"途中的挫折与苦恼,也许是同龄人之间持续的竞争,又或许是从很久以前,从初中、小学起就开始的那份对自己"不普通"的执念。我在精神内耗中变得疲惫、暴躁,我不再觉得自己可以做到什么,可以实现什么,甚至有时候会觉得混混沌沌地这样学下去也挺好。这样的情况一直持续到了被通知选科分班的那天,我看着自己高中入学以来各次考试的成绩,陷入了沉思。

选文科?我看着那张"普通"成绩单中偶有的几个不"普通"的成绩,它们是语文、历史、地理……却唯独不是爸爸、妈妈、老师们喜欢的数学、物理、化学。

我试图重新找到我的不"普通"。

在那些与志同道合的好友的日常交流里,在那些抒自由之思想的语言文字里,在那些挑出书本来到我面前的历史政治里……我找到了什么才是适合我的,成绩也很快提了上去,甚至敢和从前班里只能仰望的那几位同学站在一起比较。我又开始相信,几年后的那个夏天我可以到自己想去的地方,见想见的人,成为想成为的那个自己。

那些坚信自己"不普通"的日子里总有细小璀璨的惊喜,细碎的日常也能冒出快乐泡泡:在校门口新开的文具店里,女生聚在一起挑选五颜六色的纸胶带和手账本,回到教室互相分享;下课铃还未响完,踩着鼓点冲出校门成为第一个坐在小店里点菜的人;课上交换作文,谈笑戏谑,叠起一张张写着批注的便利贴……

细小的惊喜与温暖的底色铺就了我剩下的两年高中时光。即使有着因疫情而造成的长期网课,我也未曾感到消极,反而在独处中观察世界、观察社会,找到并坚定了自己的理想。我想做的,不仅仅是旁观,而是去参与,去记录,去真真实实地站在那里,把如潮水一般的情感通过自己的镜头和文字传递出去,同他们一起见证欢笑与泪水。在这种思考中,我勇敢地喊出:我想成为新闻人!

网课一直持续到上一届(20届)高考完,最前面也是最古老的那座教学楼空了出来,等待着新一批高三人的入驻。我们匆匆忙忙搬完书本,坐在陌生的教室里,看着彼此陌生又熟悉的脸,感觉到有些东西不一样了。生活学习的节奏陡然紧张了起来,墙上贴得密密麻麻的都是想去的大学和城市,我们开始更多地谈理想——毕竟,没有理想,哪有勇气去追逐现实呢?

那些在夏末的约定、未来的梦想、远大的希望不曾忘记,相信终有一天我们会在山顶相见,怀着最美好的回忆,去看山川湖海天地辽阔,去看烟花灿烂风光人间。

其实,最后我还是没能去到我的梦中情校,但与山大的种种奇妙的相遇又让我觉得,这也许就是命中注定。

于是又一个轮回,我怀着对大学的憧憬来到济南,却总在夜深人静时泪湿衣襟。学生工作和学业的双重压力有时令人喘不过气,这种矛盾在大一第二学期尤为突出。更严峻的疫情形势、更复杂的信息环境、更繁重的学生工作和对自己成绩上的更高要求……毫无悬念地,在把第二学期成绩单与第一学期闪闪发光的成绩单放在一起对比的那一刻,我崩溃了。

“儿时仰星光,举手若能摘。如今七尺身,天高不可及。”这可能是我一直怀念高中时代的原因吧。穿着几乎洗得褪色的橙色校服,手里抱着用红笔修改过的练习册,或许在小声商量着晚上要吃烤冷面还是掉渣饼,因为一句玩笑话而前仰后合笑了许久——我坚信我们每个人都是独一无二的,坚信我们都是自己笔下的主人公,坚信我们都“不普通”。

而现在的我,在纷杂的信息中努力寻找着何为自己何为本心,在奔跑中无暇去看身旁的风景,在因沮丧与不解而和师长交谈时提到:“你需要正视自己的普通。”

这可能才是现实:哪有什么天选之子,不过都是黄土地上奋力耕耘的一个个普通人,在梦想和现实之中猛力向前冲的普通人,在遭受一遍遍打击后又挣扎着站起来的普通人。听到那句话的晚上我失眠了,我在床上翻来覆去,闭上眼睛脑袋里密密麻麻铺满的都是“普通”二字。

我不免想起高中时语文老师给我写下的那段话:把过去的自己打碎,忘掉所有既往,找到从山脚开始攀登时的那颗赤子之心。那时的我正好被高中以前的很多事情困扰着,脑袋里都是对成绩对排名的执念,没想到到了大学,我还停留在这层,那些因为焦虑哭到呕吐的夜晚,甚至会把自己前十几年人生的意义否定,那些令我痛苦和无措的事情依然在上演,我在应对它们时依然无所适从。

若我止于"普通",轻松与闲适的背后未尝不会有不甘和沮丧,可能会只顾脚下的几方泥土而忘记抬头看看天空,忘记我所念的我所想的名为"理想"的那束光;若我囿于"不普通",理想与现实的割裂、不停歇的竞争难免会导致焦虑和迷茫。我开始意识到,我需要打碎这些。

打碎"普通"与否的禁锢。

很奇怪吧,前 19 年在"不普通"和"普通"中挣扎的我,在即将 20 岁的时候,决定不去想什么是"普通",什么是"不普通"。这个决定似乎很突然,但细细想来,也是与自己和解的必然。在比赛里,在工作中,在学业上……想做的、能做的、让自己快乐的,尽管去做。做更多的志愿工作,走更远的路,见更多的人,记录更多的事,像从前向往的那些新闻人一样——忘掉所有既往,把每一天都当成全新的一天,看前方,别低头。

无问西东,无问"普通"。

"就像空中飘浮的、渺小的某粒尘土,它到底为什么,为什么,不肯停驻。直到乌云散去,风雨落幕,他会带你找到,光的来处……"于是现在我坐在蒋震图书馆的桌前,以天地为幕,以信念为笔,写下这些,并且会坚定地继续写下去。

(文/唐艺航)

教我如何不想"她"[①]

稼轩居士曾如此评价少年:少年不识愁滋味,爱上层楼。爱上层楼,为赋新词强说愁。回顾我的少年时代,虽常常有着文科生的敏感多思,但更多的时候,是在铆劲蓄力,用一场场考试向众人证明自己具有强大潜力。如今已至桃李年华,回望来时路,人生中曾有许多贵人到访,"她"们像一盏盏路灯,交替照亮了我前方的路。

叫我如何不想"她"。

一

我常常向我新结交的朋友们提起她。我和她相识于初中的第一天,凭借相似的身高,我们成为彼此在初中的第一个朋友。我们认可彼此,我欣赏她待人接物的真诚,她羡慕我排名靠前且稳定的成绩,我们变得无话不谈。我们一同陪伴彼此经历了整个初中时代,成为彼此间最不能缺少的朋友。

只有她知道我那段灰色的经历——在初中的最后一年,我曾抑郁了一段时间。连续的考试失利、身边同学陆续被保送进高中带来的压力,再加上当时紧迫的中考复习节奏以及长期欠佳的身体状况,我的精神有些崩溃。我曾因为过于频繁地爬上天台而被妈妈藏起了钥匙,曾因整夜失眠而不知睡醒后的轻松为何物。周边的朋友里唯有她,读懂了我发出的求救信号。

"……大不了,我陪你从头再来。"

读完她发来的短信的最后一行,我早已泪流满面。只有她明白我的不甘和遗憾,是她在我最灰暗、最无力的时候一直陪在我身边,给我安慰和鼓励。阴霾终会散去,经历过最困顿的时光,迎来的便都是灿烂。从那以后,

① 《教我如何不想她》,作者刘半农,中国早期广为流传的重要诗篇,本文为同名原创散文。

我放下了所有的顾虑，不再纠结于排名的变化，更看重的是知识点的掌握情况以及丢分原因，一步步稳扎稳打，最终在中考时发挥出了最好的水平。

我的第一次成功不能没有她的痕迹，教我如何不想她。

二

高中时，我被分进了重点班，同样遇到了我人生中重要的"她"——不过这次是一名男生。我跟他相熟速度飞快，我们有着相似的从成绩单底部爬到顶部的经历，有着极为相似的兴趣爱好。正是因为如此，我们很快便成了关系相当好的朋友。他很擅长学习，相较于我每次都要背着巨石一样重的书包回家，他总是在晚自习后仅带一本政治或者历史课本回家，但几乎每次他都会在考试中拔得头筹，颇有四两拨千斤的风范。我虚心向他请教，他立马为我制定一整套学习思路，大刀阔斧地改革我的学习方法，很快我的成绩就有了明显起色。

我难以忘记那个课间，大家都在忙着搬桌子调座位，是他拉着我走下楼梯，郑重其事地说要告诉我一件事情，这件事竟是明天月考需要我注意的事项，诸如考第一门课前不要紧张、计算时注意单位的转换等。我内心瞬间涌入一股暖流，难以相信我和他之间实际是存在激烈的高考竞争关系的。在他身上，我学到了无私。

他会在我一次次因为成绩不佳而郁郁寡欢时，敏锐地发现我的情绪波动，一次次拉着我去操场放松心情，回到班级后继续帮我分析试卷；他会义不容辞地看着我出错的历史选择题，直言不讳地逼问我做题时的心态；他会在我因为高考迫在眉睫但是成绩距离理想学校还有相当大的差距而崩溃大哭时，把我拉到教室外陪我调整状态。我曾经在晚自习放学后回家的路上问过他，怎么对我如此好。他说："因为我尝过不被安慰、被别人冷落的滋味，所以不希望你也经历这些。"

叫我如何不想"她"。

三

朋友之间的交往是相互的。分班后，在听说他因考试失意在课桌前抱头痛哭时，我跑过两栋楼、穿越走廊，只为坐在他的身边。本不让别人靠近的他见到我的到来，立马紧紧地抱着我；我陪他经历了他的两次高考，在我查到了他的第二次高考录取结果的那一刻，我们相拥而泣。我在他情绪不稳定时，拖着不适的身子和他通话两小时，听他倾诉烦恼；我懂得他的不如意和事事碰壁，了解他对于新环境会产生畏缩和勇敢两种极端的心理；我会帮他保守他的秘密，守卫他内心的一方净土。

观思人生，我能成长到今天，离不开每一位朋友的鼓励和支持。初中的她，教会我什么是陪伴；高中的他，教会我什么是无私。他们仅仅是我朋友里的两位，有幸相遇，唯有感激。时至今日，我所取得的所有成绩，都离不开我的家人和朋友给予我的最有力的支持。是他们，让我在需要帮助以及鼓励时，能够获得源源不断的支撑我继续前行的动力。人生难得一知己，更何况我拥有不止一个。他们的存在，让我更清晰地感受到了世间的美好和生活的可感可念。

人生由无数个瞬间组成，有家人朋友相伴的瞬间，便是温暖，便是幸福。

叫我如何不想“她”。

（文/朱肖宇）

烛照生命之光

中文系，在20世纪八九十年代是很多人梦寐以求的殿堂。如今，在商业浪潮下，文学却面临着边缘化的困境。这就迫使我们去思考文学的职能担当与文学工作者的自我定位。所谓“纯文学”，实际上并不存在。文学既然处在社会场域中，就不可能摆脱社会的影响，也必然对社会发展起作用。

如若不信,试看百年前陈独秀、李大钊等一众先贤"铁肩担道义,妙手著文章"。在那个烽烟四起、救亡图存的时代,他们以文学为政治变革的先声,以笔为戈,发起文学革命,促进思想大解放,也为那个黯淡的时代播撒点点星光。

而作为一名文学阅读者乃至未来的从业者,我希望倾毕生之力,探索中文专业之于学术、之于社会、之于人生的终极奥义,推动学术研究的精深与文学阅读的普及,在文学领域为祖国腾跃做出贡献。

怀揣浸润学术的笃志与恒心埋头苦干。学术研究并不意味着在象牙塔里故步自封,因为象牙塔的寓意本就不是封闭而是高度,我们是在象牙塔里深造而非闭关自守。象牙塔提供了更广阔更优越的平台,让我们得以自由钻研精深的学问,去发现并解决一些前人所未能涉猎的问题。另外,文化自信是一个国家、一个民族发展中更基本、更深沉、更持久的力量,推动文化自信乃至实现文化自强,都离不开深厚的学术积淀。"怕什么真理无穷,进一寸有一寸的欢喜。"成就再小,也是百尺竿头更进一步。我希望自己能在学术研究中沉潜、创造,实现自我价值。前几天,我在公众号上读到北京师范大学赵勇老师的一句话,"钱什么时候都可以挣,但书不是什么时候都可以读的"。如今社会蓬勃发展,机会多,诱惑也多。在纷繁复杂的利益面前依然甘坐"冷板凳"是困难的,也是弥足珍贵的。我不知道未来我的学术初心会不会坚持下去,但至少当下是坚定的。

肩负为国育贤的责任与担当大步前行。文学不是一门事功的学问,而是一门修身的学问。把人做好了,才能做事。因此,让大众接受文学教育、接受文学熏陶,也成为每一位文学从业者义不容辞的责任。我憧憬着在未来能够成为一名高校教师,执鞭三尺讲台,让更多的人听见杜甫的"安得广厦千万间,大庇天下寒士俱欢颜",让更多的人理解鲁迅"横眉冷对千夫指"怒目式的不屈与"俯首甘为孺子牛"低眉式的恻隐。对文学要始终怀抱着温情与敬意,从纷繁中找到哲思的起点,在沉浸时获得透彻的欢愉,通过虚构抵达真实,借助文艺认清生活,从而更加冷静清醒地思考国家的发展方向与未来大计。

中文系老师常说文学有"无用之用",这种说法当然在很大程度上否定了文学的现实功利性。我们常能听见"文科无用论"的声音,纵使钟情于文学文字,青春年少的我们也难免会有一瞬间的恍惚与迷茫:我们花费了大量精力钻研的文学,难道就只是人生的余裕吗?人文学科的崇高理想又何时才能实现?何以抵御这种恍惚与迷茫?我想,唯有信仰。共产主义当然是一种崇高的信仰,但将文学视为志业,也是一种信仰。志业与职业、事业不同,职业是为谋生而选择的一份工作,事业范围比职业更宽,但依然未能脱离私心。在传统文化中,发于心、蕴于内的"志业",与表于外、立于功的"事业",有高下之分。文学当然不是一门职业,也不仅仅是一份事业,它还是一份崇高的志业。即使生活清贫,我们也能凭借文学烛照生命之光,让我们的人生华光溢彩。

我们"00后"看似生活在一个"文学终结"的时代,娱乐至死、文化泛滥,年轻人也常以"躺平"标榜自身,但其实文学永远不会终结,因为作为一门人文学科,它的底色永远是大写的"人",有人在的地方就会有文学。文学只会不断变换形式,去更好地适应我们这个时代,烛照生命之光,自觉承担起精神救赎与社会变革的使命。而我们"00后",也应"以青春之我,创建青春之家庭,青春之国家,青春之民族,青春之人类,青春之地球,青春之宇宙,资以乐其无涯之生"。

文学不返回自身,不困于方寸之间,照向更广阔的世界。

(文/徐荣先)

修身弘毅,筑梦人生

人的一生是为了自己心中的理想而活。曾子曰:"士不可以不弘毅,任重而道远。仁以为己任,不亦重乎?死而后已,不亦远乎?"曾子的这番话,表达了士人主动承担社会责任的坚定信心和决绝勇气。这样的话,孔子说过,孟子也说过。为了弘扬仁道,孔子"发愤忘食,乐以忘忧,不知老之将至",孟子"士穷不失义,达不离道","天下有道,以道殉身;天下无道,以身殉道"。可以说,儒家先贤皆以天下为己任,把弘扬仁道作为人生的重要使命。

强烈的使命担当意识,是中国历史上志士仁人所共有的优秀品格。尽管先贤们已故去数百年、数千年,但这种精神却不曾淡去,后世无数的仁人志士在传承着。为了这份坚定的信念,他们栉风沐雨,就算是为此付出生命也在所不惜。这种精神已经融入中华儿女的血脉里,成为中华民族奋发向上的不竭动力。

青年是最富活力、最具创造性的群体,是推动社会发展进步的重要力量。青年兴则国家兴,青年强则国家强。青年一代有理想、有本领、有担当,民族就有希望,国家就有未来。国家发展与个人发展、国家梦想与个人理想,是青年人必须深刻思考、清晰回答的命题。

近代以来,中国青年不懈追求的美好梦想是始终与中华民族伟大复兴的历史紧密结合在一起的。一百多年来,一代又一代有志青年在中国共产党的领导下,以青春之我创造青春之中国、青春之民族,绘就一幅幅壮美画卷。

任何一个时代,青年都是社会上最富活力、最具创造力的群体,他们往往站在历史发展的风口浪尖,成为推动社会前进的重要力量。广大青年身处新时代、奋进新征程,要珍惜现在来之不易的生活,把历史当作最好的"教科书"和"营养剂",弘扬革命先辈的光荣传统和优良作风,坚定跟党走的信念,在接续奋斗中绽放青春风采。

理想指引人生方向,信念决定事业成败。对马克思主义的信仰,对中国特色社会主义的信念,对实现中华民族伟大复兴中国梦的信心,是指引和支撑广大青年前行的强大精神力量。广大青年要坚持用马克思主义真理力量涵养正气、淬炼思想、升华境界、指导实践,做马克思主义的坚定信仰者、自觉拥护者、积极践行者。

青春不仅是一段年华,更是一种精神状态。在中国革命、建设和改革的各个历史时期,一代代青年人在我们党的带领下,心系家国、勇立时代潮头,把自己的命运与国家和民族的命运紧紧联系在一起,以革命加拼命的精神奋勇向前、永不言败。新时代,广大青年同样坚定跟党走的信念,积极响应党的号召,以昂扬的精气神实干、苦干,奋勇争先。在脱贫攻坚的战场,在科技攻关的征途,在改革创新的阵地,在抗疫斗争的一线,在建设中国特色社会主义的各行各业,到处都有青年人奋斗拼搏的身影。为民奉献,是青春最亮丽的底色。正是在新时代的实践锻炼中,广大青年用铁肩扛起了属于他们的担当,以昂扬向上的精神风貌,用一次次的实际行动书写青春宣言,并将在新征程中续写更美的青春华章。

今天,新时代中国青年处在中华民族发展的最好时期,既面临着难得的建功立业的人生际遇,也肩负着"天将降大任于斯人"的时代使命。新时代中国青年要珍惜这个时代,担负时代使命,在担当中历练,在尽责中成长。只有把人生理想融入国家和民族的事业中,和人民一起奋斗前进,才能成就一番事业。

梦想熠熠、使命灼灼,广大青年要对自身理想有清晰的认识,主动肩负起时代和人民所赋予的责任,既要勇担时代赋予的使命,也要立足实际、脚踏实地、艰苦奋斗。经历岁月之磨砺、实践之洗礼,当代青年定能成为未来中国的中坚力量。

(文/付晓宇)

饮其流者怀其源

对一个初叩科学之门的学生而言,学习的脚步才刚刚启程。梁启超先生曾言,教育的本质,是教人不惑、不忧、不惧。在我的大学生活中,有众多温润儒雅的老师带领我们理性思考、追求纯粹、执着探索,在逐梦的道路上绽放属于自己的精彩。

不惑,以新技术擘画未来愿景,知行并重

面对日新月异、蓬勃发展的新时代化学学科,以先进技术手段助推实验工作,成为基础研究开拓新思路的重要途径,授课仪器分析的黄锡荣老师如

此教导。随着科学的神秘面纱逐步掀开，人类的每一小步求索在未知世界的广袤下显得愈发渺小，前进的道路愈发崎岖坎坷。每一个科研工作者在面对细分至上的现状，面对登上金字塔尖的迂途时难免感到迷茫。以不惑的态度大胆拥抱新鲜事物，以新的仪器分析手段以及分子模拟工具为乘风的翅膀，迎接更高妙更深奥的科学研究。

同样，学习新工具不可仅局限于熟练的操作，洞悉每种新手段潜藏的原理是对立志成为科研工作者的学生应有的要求。在每种方法学现世的背后，是众多科学家在知识的漫漫长河中接力远航，点亮一座座灵感的孤岛，绘就璀璨星空。这灵动的图影降临在世间，通过工程师的妙手探究微观的奥秘。不过仅了解原理并不足以使我们成为优秀的科研者，更重要的是在实践中钻研。黄锡荣老师几乎在每堂课上都会给我们强调科研实践的重要意义。如今已不是被动接受知识的时代了，我们不能只是机械地做学术研究，而是要在实验中接受教育，持续学习，找到解决问题的办法，这才是科研之道。

不忧，以真理想点亮前路灯火，学用兼顾

“即使在座的各位将来不从事化学方面的工作，你们在大学四年学习中积累的化学学科思维方式也会对今后的职业道路大有裨益。”宋其圣老师如是言。当下，我们很多基础学科，尤其是生物化学领域相关的学生，都会为未来就业前景感到忧虑。实际上，若秉持纯粹的心志，则必将在领域内取得成就；抛开学科特长未来即使进入其他领域工作，基础学科的思维特质以及理学生培养体系中锻炼的逻辑也都将助力我们在其他领域大放异彩。

许多人认为科学价值存在于现实世界，它可以让我们生活得更好，推动人类社会的发展，而往往被忽视的是，科学的另一个价值在于提供智慧与思辨的享受以达到内心的宁静，授课无机化学的宋其圣老师如此教导。我们内心宁静的最大敌人便是未知的恐惧和忧虑，而科学正可以给予我们战胜敌人的力量。知识犹如长夜中的火把，在其点燃之际，黑暗的边际也被重新定义。对这个世界的凝视深思不断吸引着我们，让我们只是为学问而做学问，为劳动而劳动，并不是拿学问劳动等做手段来达成某种目的。“既以为

人已愈有，既以与人己愈多。”葆有如此纯然的趣味化、艺术化生活，是向最高的情感教育进发。

不惧，以持恒心长明心中热忱，情理合一

人的一生，总该有一种坚持，选择理想的方向，开拓的脚步永不止歇，在介观能源材料化学领域硕果累累的熊胜林老师如此教导。熊胜林老师浑身都散发着活力，每一个与他相处的人都会被其深深感染。熊胜林老师曾为我们讲述他从考不上中专的穷小子到成为山东大学教授的励志故事。在讲述这笑中带泪的经历时，熊胜林老师没有流露出一丝一毫的气馁或者不甘，展现的完全是如同火山喷发般灼热的激情与坦荡。科学研究需要严谨的思维和方法论，这些是我们探索之路上披荆斩棘的利器。同时，热爱是深植于每个科研人心底最忠诚的情感，是自我实现长征路上的旗帜与信仰。科学的星空蕴藏着无穷的奥秘，理智的深潜带我们领略，热情的高歌带我们翱翔。

熊胜林老师课题组有自己的“操场文化”，即他与同事、学生们一道，在奔跑中挥洒汗水，激发热情。跑步的意义，更多的是在坚持的过程中找到自我，拥有健康的体魄、阳光开朗的心态，缓解工作和生活中的压力与焦虑，为生命增添情趣。坚持不放弃，是熊胜林老师永远的信条，从成长到成就被一以贯之地践行。科学研究不正是在漫漫长途中不断地奔跑吗？“北海虽赊，扶摇可接”，有所收获的秘诀是始终如一地前行。

“所谓大学者，非谓有大楼之谓也，有大师之谓也。”在大学里，老师们不仅教授知识，而且将笃学的精神与更高的理想追求注入学生的血液里。在老师们的指引下，我们立志将青春理想与精进学业、科研创新相统一，将使命担当与扎根大地、知行合一相结合，为成为真正的科学探秘者、社会贡献者而奋斗终生！

（文/向仲博）

36.5 ℃的一束光

人生中总会遇见各种各样的光，有阳光、火光，还有灯塔之光。陈黎萍老师对我的照拂，就像一束36.5 ℃的光，一直打在我的侧前方，丝毫不碍眼却又能指引我前进，同时还贴近体温，为我带来融融暖意。

人生进入一个新环境，"如同列车进入隧道，窗外黑乎乎的，车窗关上了，车厢里电灯亮了，我的眼光收了回来，在一圈黄黄的灯影下，我仔细端详了车厢里的人和物，也端详了自己……"这样一种陌生感，用以表现初入中学的我，再合适不过。

一切的一切，都还要从七年前的夏末说起。

那是入学前的一次体检，也是我第一次和陈黎萍老师接触。陈黎萍老师是我的初中班主任，个子不高，有着20余年的从教经验。医院外的体感温度，正是36.5 ℃。在长长一列学生中，她偏偏相中了我，当着所有人的面对我说："我觉得你以后一定能考上重点高中。"当时的我，普普通通。而正是这句话，让我记了初中三年、高中三年，甚至还会记本科四年乃至一生。在后来的学习中，我始终保有这样一种积极的心理暗示，从未想过有什么困难能够真正打倒我。那天也正是我如今能够自律自强、有勇气、无所顾忌去追逐自己心中的起点。

我不敢自诩为千里马，可却有胆量将您称为伯乐。您有慧眼，也有能力帮助我和每一位同学成为更好的自己。您鼓励我参加"青果杯"朗诵、"金钥匙"科技竞赛等各种校外比赛，将您的澳大利亚挚友Shirley介绍给我，让我在外教告别会上为Charles翻译，帮助我改变原本较为内向的性格，让我有更广阔的视野，在更广阔的舞台上看更广阔的世界。这些，都是我从前未曾设想过、未曾踏足过的领域。

在学习上，您既肯定个人的独立自主学习，鼓励良性竞争，又提倡师徒结对帮扶，共同进步。您期待课堂上质疑的声音，欣慰于每一次考试后的累累硕果。黑板上被擦拭过无数遍的关于目标和竞争对手的旧迹、教室后关于梦想与未来的照片脱落后的残胶，都是这段记忆的见证。您在放学前“不敷衍”“不忘初心，方得始终”的叮咛我始终铭记在心，您在《时代新课程》上的“勾”“圈”我还会翻看，您在五本家校联系本上的留言我至今仍珍藏在书柜里。您鼓励我自主学习，无须借助外力补课，凭借自己的努力一样能够考上“一中”、考上“985”大学。

初中三年，在您的教导下，我几乎每一次考试都会拿到奖学金。高中三年，每当我站在领奖台上，抑或在全年级面前分享经验，我都会有一种时空错位感，仿佛您就站在下面看着我。我还记得升入高中前我跟您说：“我不会让您失望，也会为勤业中学争光。”如今，我用一系列成绩向您证明：我做到了。

可是，您却不是铁做的。清晨的伏案批作业、窗口的探视、夜以继日的操劳，会让您累垮。我始终记得那天中午从谢老师那里得知您晕倒了，那时我才意识到您的付出，我偷偷哭了一整个中午。眼泪，也是温热的。

我想，教育应该是有温度的，而且应该是 36.5 ℃。教育的温度源自教育的本质——心灵的对话。而这种温暖，是能够通过教育进行传递的。从个体的角度看，我们应当意识到“受教育者”这个称呼的背后是一个个鲜活的生命个体。从人类文明的角度看，教师背负着传承的使命。就像刘慈欣的小说《乡村教师》里所刻画得那样，正因教师的存在，银河系碳基舰队对人类文明的摧毁才以失败告终。可是，也正因 36.5 ℃贴近人体体温，教育的温度不易察觉，隐藏于细节中，才更需要我们去发现、去传承。

我很幸运，在初中碰到了陈老师、陶老师、谢老师，在高中遇见了倪老师、陈老师、毕老师、王老师等一批优秀的教师。而正是中学时代的这份幸运，也让我自己产生了成为一名教师的强烈意愿，不为求安逸与待遇，而只为回归教师的价值原点——育人。做有温度的教师，也努力成为别人前行路上那束 36.5 ℃的光。

（文/徐荣先）

照亮前路的光

人生二十载,对我"三观"影响最大的就是我的母亲。她温柔、坚强,愿意在这样一个信息爆炸的时代用手写信安抚情绪低落的我。记得高考前,我压力很大,整晚失眠,有一天实在忍不住就借了班主任的手机给妈妈打电话。"喂",霎时间我的眼泪夺眶而出。那是倦鸟归林时难抑的眷恋与依赖;那是我的光,照亮我前路的光;那是我的母亲。

三天后,我收到了一个快递,是一个安神香囊,香囊里还塞了一封小小的信……

亲爱的宝贝:

见字如面,不知道你收到这封信时,会是怎样的心情。

你小学五年级时,我给你写了第一封信,都忘了是什么内容了。一晃你已读高三了。匆匆而过的几年间,你给我,给这个家带来了太多的欢乐。和你聊天绝对是一件让人开心的事,你诙谐幽默,有一种天生的气场。和你相处久了,了解你的人自然会被你的人格魅力吸引。还记得你出生的时候呀,特别爱笑,皮肤白皙,一双可爱的大耳朵粉扑扑的。乡里乡亲见到你都很喜欢抱你,说你长得有福相。八个多月的你就会叫爸爸妈妈了,十个月会叫外公外婆。记性这么差的妈妈,现在脑海中却仍然能回忆起你当时每一个精巧的五官,每一个生涩的发音,每一个别扭的动作。转眼间,那个整天跟在妈妈身后的小娃娃即将踏上高考的战场,我相信你的能力。你这孩子从小就有主见,有担当,妈妈知道只要是你想做的事你一定会做好。所以,妈妈从不强求你什么。别人周末补课,你可以弹着你喜欢的钢琴,抑或是去你最喜欢的公园转转。我不要求你最出色,只希望你做个快乐的人。妈妈最喜欢听你分享一天的校园生活,喜欢你假期时牵着我的手压马路的感觉,喜欢你悄悄告诉我哪个男生和你表白的故事。

比起母女，我们更像姐妹。一直在想，我一定是上辈子积了很多德，才能拥有你这么一个活泼可爱、优秀上进的女儿。有时候你会说我嫌弃你，希望你明白，那不是嫌弃，那是望女成凤。妈妈能力有限，无法帮助你什么，你要自信自强，将命运抓在自己手中。累了的时候，请记住，有一个人会默默关心你、支持你，直到生命消失的那一刻！要记住，没有一个人会比我更爱你。

爱你的妈妈

"要记住，没有一个人会比我更爱你"，读完信那一刻，我早已泪流满面。

之前看到过这样一句话，"一位母亲不一定要很有文化，但一定要有很正的'三观'"。毫无疑问，我的母亲是一位伟大的母亲。我想我们的关系比起母女，更似共患难的好友。她看着我长大，我也见过她的无助与悲伤；她走过一路风雨，我伴随她蜕变；我可以向她诉说任何苦恼，她也会永远支持我的每一个选择……

一个能够升起月亮的身体，必然托住了无数次的日落。悠悠长路，漫漫夜空，天亮了，母亲转过身，对我说："我陪着你，我们，一起长大。"

何其有幸，我能成为您的女儿，我的母亲！

（文/郑翊琳）

第二话|凝心聚力,砥砺前行

我们不是垮掉的一代,也不做垮掉的一代

我的朋友,亲爱的年轻人,你问我:“00后”是垮掉的一代吗?不,不是的,中国从来就没有“垮掉的一代”,只有一代代“永不弯曲的脊梁”。

你看,疫情时期,一群群孩子换了一身衣服,学着前辈的样子,救死扶伤,和死神抢人;你看,抗洪一线,曾经被呵护的“00后”在灾难面前扛起责任,证明青春热血的力量;你看,面对外军蓄意制造的加勒万河谷冲突,“00后”战士冲在最前方,毫不畏惧,英勇战斗,壮烈牺牲……

你看,曾经被长辈们捧在手里的“00后”,终于也长成了大树,去守护养育自己的这片土地;曾经的孩子,当国家有需要的时候,当人民有需要的时候,终于也能冲到一线,自豪地喊出“请党放心,强国有我”……我们才不是垮掉的一代!

我的朋友,亲爱的年轻人,你说:这个社会太“卷”了,竞争太激烈了,我们没有施展才华的机会。不,不是的,当代中国青年生逢其时,施展才干的舞台无比广阔,实现梦想的前景无比光明。

你看,在我们出生时,中国加入世界贸易组织,经济开始腾飞;儿童时代,我们见证了北京奥运会、上海世博会的顺利召开;再懂事些,我们赶上党的十八大胜利召开,见证中国特色社会主义进入新时代;我们还见证了中国打赢人类历史上规模最大的脱贫攻坚战这一壮举……我们生在红旗下,长在春风里,我们在一个走向繁荣的国家中长大。

你看,没有哪一代人比我们这一代更加理解全球化和“人类命运共同

体”;没有哪一代人,比我们这一代更熟悉21世纪科技的发展;没有哪一代人,比我们这一代接受过更好的教育、受过更新的思想的熏陶……如今,社会上已经远远不止三百六十行,我们的职业选择也更加自由、更加多样。每个行业、每个领域,都是我们发光发热的舞台。这是最好的时代,这是我们的父辈祖辈都未曾想象过的时代,是孕育着无限机会和无限可能的时代!

我的朋友,亲爱的年轻人,你说我们国家发展得这么好,已经不需要我们了,我们可以心安理得地“躺平”了。不,不是的,一代人有一代人的使命,一代人有一代人的征程。我们要接好历史的接力棒,在实现中华民族伟大复兴的征程中奋勇争先。

你看,中国共产党成立100周年,我国全面建成小康社会;从2020年到2035年,我们将基本实现社会主义现代化;从2035年到本世纪中叶,要把我国建成富强民主文明和谐美丽的社会主义现代化强国。这三个时间节点,正对应着青少年、青壮年及中年这三个重要的人生阶段。我们的样子,就是中国的样子。青年强则国强。

我的朋友,亲爱的年轻人,时代呼唤着我们,人民期待着我们,我们有大好的年华、大好的才华、大好的舞台,我们可以尽情地秀出我们青春活力的舞姿,可以尽情展现我们独到的青年智慧。

我的朋友,亲爱的年轻人,我知道你会迷茫,会焦虑,但请相信自己,相信祖国。当周围大雾四起时,请你不要忘记自己的初心和使命,不要忘记那红色的中国梦,要坚定不移听党话、跟党走,朝着前方那片红色走去;当周围声音太过嘈杂时,请你学会甄别,学会守住本心,要坚定“四个自信”,在奉献青春的路上乘风破浪,披荆斩棘。

伟大的祖国,伟大的党,我们绝不是垮掉的一代,我们绝不做垮掉的一代。我们已经准备好经受风高浪急甚至惊涛骇浪的考验,已经准备好让青春在全面建设社会主义现代化国家的火热实践中绽放绚丽之花。我们定不负时代,不负韶华,不负党和人民的殷切期望!

(文/金思妤)

不忘，前行

谨以此篇献给"仿吾"青年：
"仿吾"青年啊，不会忘记
历史上的所有光辉记忆
太阳升起，霞光犹如奔突的洪流
从倾覆的黑暗之上，汹涌而至
一九四九，这是新世界的诞生
一个胜利

"仿吾"青年啊，不会忘记
春风习习，祖国在花间前行
那继往开来的世纪之钟，哗然响起
改革开放，这是新世纪的到来
一片群星

"仿吾"青年啊，不会忘记
自己最初的信仰与炽热的红心
为实现中华民族的伟大复兴
"前进！ 前进！"
这将在历史长河中闪耀
一个奇迹

"仿吾"青年啊，将要前行
学术为思，纸笔为矛
去追逐那自由的旷野与理想之音

愿"仿吾"青年都能拿出
"功成不必在我,功成必定有我"的豪情壮志
用奋斗书写人生华章

"仿吾"青年啊,望你铭记
勿随世俗图近利
要景仰那不计成败的艰苦卓绝与努力

慢慢地、慢慢地,前进……
那看似不起波澜的日复一日
终会在某一天让你看到坚持的意义
那时便是——
彗星出现,狂风乍起

(文/邓子铭)

尘寰不老许国运,吾辈奋发展风华

作为新时代的青年,我们生在红旗下,长在春风里,目光所至皆为华夏,五星闪耀皆为信仰。生逢盛世,不负盛世,愿以吾辈之青春,传前辈之星火,照盛世之中华,不负韶华,展现中国风采。

作为新时代的青年,我们应该践行初心使命,勇做堪当民族复兴大任的时代先锋。当今世界正经历百年未有之大变局,我国正处于实现中华民族伟大复兴的关键时期。我们比历史上任何时期都更接近实现中华民族伟大复兴的目标,也更有信心和能力实现中华民族伟大复兴的目标。立足新时代新征程,我们青年人自当争做担当民族复兴大任的时代新人,立大志,明大德,成大才,担大任,不断提升思想道德素质和综合能力,不负时代,不负

韶华，为新时代贡献自己的青春力量。

作为新时代的青年，我们应该追求远大理想，树立坚定信念，勇做新时代的弄潮儿。青年兴则国家兴，青年强则国家强。青年一代的理想信念、精神状态、综合素质，深刻影响着国家的发展活力。吾辈青年既要有远大的理想，也要有坚定的信念。坚定的理想信念是青年发展奋斗、成长成才的指明灯。广大青年要志存高远，自觉学习马克思主义理论，树立共产主义远大理想和中国特色社会主义共同理想，自觉践行社会主义核心价值观，大力弘扬爱国主义精神，在为中国特色社会主义事业奋斗的过程中放飞青春梦想。

作为新时代的青年，我们应该自信自强，刻苦学习，勇于创新。"事有所成，必是学有所成"，"天下之事，非新无以为进"。广大青年要做刻苦学习、锐意创新的模范，立足本职、苦练本领、创先争优，努力成为骨干，争做先锋。每一个平凡的人都能拥有不平凡的人生，每一个平凡的岗位都能创造不平凡的成绩。在充满机遇和挑战的新时代，面对转瞬即逝的机遇、前所未有的挑战，我们要在学习筑基和实践磨砺中提高本领，同时要善于抓住机遇，敢走别人没有走过的路，敢攀别人没有到达的高峰，用创新思路攻坚克难，推进各项工作和建设，用青春的能动力和创造力激荡起民族复兴的澎湃春潮，用青春的智慧和汗水打拼出一个更加美好的中国。

作为新时代的青年，我们应该脚踏实地，求真务实。胸怀远大、敢闯敢干是青年的优势，但青年人也存在驰于空想、定力不够的劣势。我们要懂得，路是一步步走出来的，事业是扎扎实实干出来的，成功靠的是埋头苦干。只有面向实际、脚踏实地、求真务实、苦干实干，才能收获成长、收获成功。在新时代的大舞台上，我们用奋斗展现自己的抱负和激情，依靠勤劳和汗水开辟人生和事业的前程，始终保持艰苦奋斗的姿态，投身强国伟业，争取在祖国和人民最需要的地方绽放绚丽之花。

人无德不立，国无德不兴。立德、修德贵在知行统一，重在身体力行。我们青年学子要做崇德向善、严守纪律的模范，带头明大德、守公德、严私德；要深入学习贯彻习近平新时代中国特色社会主义思想，补足精神之钙，筑牢信仰之基，把稳思想之舵；要心怀"国之大者"，在对党忠诚中涵养大德，擦亮忠诚底色，始终听党话、感党恩、跟党走，并以实际行动践行"请党放心，强国有我"的青春誓言。

时代在变,但青年的力量不变。一代人有一代人的长征,一代人有一代人的担当。作为新时代的青年,我们要勇敢地担负起历史重任,不负时代、不负韶华,昂扬奋进在新时代的逐梦征程上,为谱写新时代的美好新篇章贡献青春力量!

(文/解颖)

重拾梦想,扬帆起航

几个月前,学院学生会曾为学弟学妹们开展"三仪"教育讲座,我负责讲解其中外交礼仪的内容。在搜集资料的过程中,无数外交工作者的事迹一次又一次地感动着我,也让我联想到自己外交官的梦想。

小学的时候,我就有了成为一名外交官的愿望。那时候,我只是单纯觉得成为一个外交官就可以环游世界、游览美景、品尝美食,那该有多么快乐啊! 那时候的我,并不知道成为一名外交工作者需要多么的努力,更不知道一名代表祖国的外交官意味着多大的责任。随着慢慢长大,我才渐渐认识到,成为一名外交工作者绝非易事。一名优秀的外交官所必备的素质,绝不仅仅是能说一口流利的外语,还需要广博的知识、得体的礼仪,更重要的是过硬的心理素质和临场应变能力。为了成为外交官这看似遥不可及的梦想,幼时用拼音生硬地标注英语词汇读音的我,开始学习语法知识,练习发音技巧;曾经只是天天在操场上玩耍的我,开始坚持阅读各种各样的书籍,学习世界上各个国家、各个民族的文化和礼节;在家宴上发言都羞得满脸通红的我,开始有意识地逼迫自己在不同的场合发言、展示自己,锻炼自己的演讲能力。慢慢地,我能说一口流利的英语,能大方地和来自不同国家的陌生人问候,继而和他们打成一片,能站在台上流利地演讲,能面带笑容地回答评委老师随机提出的问题。那时候我知道,自己离成为一名外交工作者的目标越来越近了。

但在上大学后，我时常感到迷茫。随着新的事物纷至沓来，我所熟悉的思维模式不断地受到冲击。繁重的课业、纷杂的日常事务有时让我喘不过气，优秀的同龄人有时让我自惭形秽，而自己的表现也让我感到很失落、很沮丧。我常常会怀疑自己，只是单纯学习一门语言是否背离了自己当初的梦想呢？以我现在的能力和抱负，将来是否够格成为一名外交工作者呢？为这个梦想继续奋斗还有意义吗？我到底应该怎么做？……在这样一所优秀的校园里，我总是感到一种无形的压力，连我自己都不知道，我所追求的到底是什么。我只是按部就班地度过每一天，好像丢失了当初的热情和闯劲。随着时间一天天流逝，成为外交工作者的梦想好像离我越来越远，好像变得越来越不可能了。

但陪伴我一路奋斗的爸爸妈妈，成为我坚强的后盾，激励我继续前行，让我更加坚定地追求自己的梦想。老师们为我提供了许多专业知识方面的指导，更有许许多多优秀的学长学姐无私地给我分享了他们一路走来的实用经验，而亲人们和朋友们也为我提供了情感上的支持，帮助我一次又一次地走出迷茫，继续为自己的梦想奋斗。我学会如饥似渴地获取知识，每一次收获都让我无比欣喜；我学会不断反思自己的不足，并向着更好的方向不断改进；我也学会肯定自己的进步，点滴成长都让我无比自豪。在学好外语的同时，我加入成仿吾英才班，学习马克思主义基本原理与科学理论，培养良好的政治素养和科研能力，学会用科学的方式方法解决问题。我辅修了"国际组织与跨文化交流"微专业，学习国际组织和国际治理相关知识，努力培养自己的全球视野和家国情怀，提高跨文化沟通和国际交往能力。希望未来当我回首时，会意识到自己越过的每一座山、跨过的每一条河流都有它们自己的价值，人生的每一天都没有虚度。一步一个脚印，相信终有一天，我一定能成为一名合格的外交工作者，一定能让当年那个稚嫩的小女孩为自己感到骄傲。

（文/张竞丹）

第三话｜山海相约，大有未来

缘定山大

春和景明，泉澈亭影。小清河畔的微风携着嫩绿的柳枝又一次拂过脸庞，轻柔地推开层层涟漪。我闭上眼，思绪随着春天的芬芳同往，共溯情结之始源。

追忆·耳濡目染

我对山大的最初印象是在母亲的言语里形成的。她时常和我讲自己在大学的趣事，要好的朋友，难忘的老师，文体活动上的高光时刻。在母亲的讲述中，有在走廊里通宵背书抱佛脚的紧迫，有和好友共攀千佛山的潇洒，有在图书馆里遨游书海的愉悦，也有秋日午后在金黄的小树林漫步的惬意……时光给回忆着上了浅浅的底色，留下了热情炙热的青春气息和昂扬风发的少年意气。年复一年的追忆，是母亲心中浓厚的山大情怀，而这深深的情谊，也一直滋养着我长大。我心中的"山大"逐步变得具体可感，生动可触。她就像一位宽容、温厚的母亲，静立于远方，含笑注视着一届届走向她的青年。她用广博的知识哺育求知若渴的心灵，用丰厚的人文底蕴滋养莘莘学子的精神，让他们满怀信心和希望，去续写自己的人生故事。

跨越 20 年的光阴，两代山大人，不同的青春故事，山大情怀始终如一。

机缘·柳暗花明

犹记得2021年6月下旬那个很平常的傍晚，查到的高考分数就像一记重重的耳光打在我脸上，疼痛而羞耻，伤心又绝望。我把自己关在房间里大哭了一场，不知道命运会把我带向何方，亦不知哪所校园将安放我经历了三年高压磨砺、备感疲惫的身体和灵魂。

山大原本只是预想中通过提前批综合评价招生留的一条后路，所以好不容易过关斩将通过初审面试后的六个综合评价招生志愿中我任性地只填了前两个。但是不尽如人意的成绩无情地剥夺了我任性的资格——我错过了山大给我的第一次机会。

在统招志愿填报过程中，我和父母在学校与专业到底优先考虑哪个的问题上纠结了很久，最后一致同意将山大作为首选学校。但是志愿顺序改来改去难以确定，一直到系统即将关闭的前几分钟才匆忙提交，事后细看志愿次序才发现存在太多纰漏和不妥。参考往年的录取情况，我可能大概率再次无缘山大。在焦灼的等待中，我食之无味，难以安眠。幸运的是，山大最终张开怀抱接纳了失意的我。

续写·我的山大故事

9月，我走进洪家楼校区。几株青葱绿树，一大片郁绿的草地，只几步，便将山大古朴的校园与洪家楼惯有的喧嚣繁华隔绝。当我走进自由路，望着两旁高耸葱郁的桐树，只觉一种宁静安详将我全身的躁动和不安都拂去了。我听见历史深处的声音，从沙沙作响的叶子里传来。我看到了石桌前静坐而学的学子，与百年前的身影拼凑、重合。我看到了操场上跳跃奔跑的身影，看到了头发花白持书而过的老师，看到了背着书包与伙伴同行的学生。一瞬间，由母亲的语言构建起来的山大印象从记忆里解冻，随着我的目光所及染上色与音，回忆与现实同频共振，暖意在心头流淌。这将是我的山大，我的洪家楼，我的青春。

随后的一切仿若落笔生花，顺理成章。我怀着对大学生活的憧憬投入紧张的军训;通过分流考试,如愿去到了英法班;加入了成仿吾英才班并担任学习委员的职务;加入并有幸带领了一个社团……我由衷地感恩山大一再慷慨给予我的幸运、包容和馈赠。那种一见如故的亲切和归属感,让我为自己能在这样一所底蕴深厚的百年老校中度过青春最美好的时光感到幸福而自豪。因为山大,我拥有了生命中的第二故乡,也爱上了这座“四面荷花三面柳,一城山色半城湖”的城市。

来山大已近两年,从那些知识渊博、富有热情又一丝不苟的老师身上,从我周围积极向上、刻苦向学又风趣可爱的同学身上,从山大传统的优良学风和浓厚的学习氛围中,我无时无刻不深深感受到她宽厚、稳重、朴实、内敛的气度,并为之骄傲。我将在这里学习专业和其他领域知识,完成严格的治学训练,开拓广阔的人文视野,接受家国情怀的熏陶,得到丰富的精神滋养,培养独立健全的人格,而这些都会成为我人生一笔宝贵的财富,充盈我的整个生命。自此“凡我在处,便是山大”,我亦将铭记“学无止境、气有浩然”的校训,赓续“家国情怀、担当精神、崇实品格、创新素养”为一体的山大基因,充满热爱、追求知识、陶冶心性、修炼品格,度过美好充实的大学时光,筑梦未来。

缘定于此,三生有幸,成为山大人。

(文/刘一玮)

有你在时,便是家

2021年的7月,一张红色的录取通知书为我三年的梦想画上了句号,开启了新的五彩斑斓的梦。

2021年的9月,一张蓝色的机票带我从南方小城来到了遥远的北方,我从此与家拉开距离,成为在外的学子。

2021年的10月,是你百廿生日。我记得那一天,来自五湖四海的山大人回到母校，汇成一片山大红的海洋。“山大，您更是一封深情脉脉的家书，写满了游子无尽的思念，是我们永远的海港”，校友们对山大的深情告白令我动容；“百廿山大，强校兴国”“为党育人，为国育才”“为天下储人才，为国家图富强”，百廿以来的山大担当、山大成就，令我自豪。

2022 年的 5 月，突如其来的疫情乱了我的阵脚，而你英明果断，一声令下，“一阳千徙”。短短几小时内为我们准备好了五个市的几十家方舱、酒店和几百辆公交车、大巴车。简短有力的指挥，将师生迅速集合。几副手套、数包口罩，是临别前赠予我们的护身符；热腾腾的早饭，是送行之际最真切的牵挂。我们迎着朝阳出发，与你告别。送行的老师挥着手，似乎在告诉我们——山大永远是我们坚强的后盾……一日间，山东大学中心校区 1.3 万余名师生全部转运至济南、淄博、泰安、德州各地。一路上，校领导带队，党员老师编入学生队伍，全程陪伴，给足了我们安全感。这奇迹般的、史诗级的大转运，让我看到了你的速度、力度和温度。即使不在校园里，我们也被时时刻刻地牵挂着，被无微不至地照顾着，我真切地感受到在我们的背后有那么温暖、那么坚固的港湾，我终于领会到“有你在时，那便是家”。

2022 年 6 月，我穿上你的衣服，同无数山大人一起在蓝天下、在操场上奔跑着，挥洒着汗水，挥舞着双臂，朝着镜头喊出你的名字。我从被你热情迎接来的新生成了迎接下一批新生的宣传片里的一员。我多么骄傲，成为山大红的一部分。

2022 年 9 月，你强忍着对孩子们的思念，说先在家乡保护好自己，等到安全了，我们再见面吧；你还说，退改签的费用，找学校报销！不久后，你将我们接了回来，火车站、飞机场、校门口……处处是你的颜色，处处是你的红马甲。看到山大红，我们就看到了家。

2022 年 12 月，你含着泪将我们护送回家。我戴着你为我准备的口罩和手套，坐在校车里与你告别。我坚信，这一路一定平安，下一次见面一定春暖花开。

2023 年 2 月，“即将到达山大南路”——我终于回到了你的怀抱，你别来无恙，我也依旧安好。我按捺不住激动的心，迫不及待去呼吸你每一处角落的空气，发现常去的大学生活动中心翻了新，知新楼的公共学习区变了样，蒋震图书馆多了宽敞舒适的沙发，宿舍楼内的饮水机换成了新的……仿佛一切都在告诉我:欢迎回家!

……

已经离开家乡一年有余,但食堂里热情淳朴的叔叔阿姨,每天带着微笑迎接我们的宿管阿姨,风雨无阻坚守在岗位的保安叔叔,无微不至关心学生的老师,时刻倾听同学心声的权小益,致力于丰富课余生活的各类文体活动、社团活动……让我每时每刻都感到,从未离家、从不孤独。因为,有你在处,那便是家。

即将在山大走过两轮四季,我永远闻不腻图书馆门前沁人心脾的花香,听不够小树林里充满朝气的鸟鸣,看不腻董明珠楼上金黄色的夕阳,品不足雪天整个校园银装素裹的静谧……在你怀里的那些日子,是我一辈子都不愿剪辑的长镜头。与你的故事,是我用一生书写的诗。

这里是我们追求真理的乐园,也是充满人文关怀的温暖的家。这里是我梦想再启航的基站,也是我在外遇到风浪时能够避风的港湾。

(文/金思妤)

成长中的那罐糖

将我在山东大学零零碎碎糖果般的成长记忆摊开来铺在纸上,不必刻意去拼凑,从落笔的那一刻起,他们就自然而然地连接在了一起。

苹果糖

"你的声音很好听,你可以去山大广播站试一下。相信我,你一定可以的!"此刻由于紧张过度导致忘记演讲稿的我,脑海中唯一浮现出的,便是台下评委质疑的眼神。令我惊讶的是,恰恰相反,台下的评委们都很尊重与关心我。特别是评委会主席说的这一句话给予了我莫大的信心,在我心底埋下了一颗"播音主持"的种子。

从广播站到主持团,从知识竞赛到元旦晚会,我一路成长,信心满满。从初中起,在学业与播音主持这两者中,我自然而然地选择了前者。进入大学后,每次参加面试与比赛时,竞争者们的丰富经验与扎实功底,都让我这个"业余爱好者"无地自容、信心全无。可正当我想要打退堂鼓时,我便想起评委会主席的那一句话,于是便坚定了坚持下去的信心。

冬日里,清晨六点的山东大学文史馆大院还留有昨夜白雪的痕迹,我站在院子的中心,一遍一遍地重复着元旦晚会和傍晚广播台的稿子,我清楚想要在短时间内和大家齐头并进,只能不断努力。我去过山东大学中心校区的每一个角落,咖啡馆、塑胶操场和宿舍楼底。在那里,我一遍一遍听着自己的录音,孜孜不倦地纠正发音。在别人面前,我好像有超能力,总能零失误,但只有我自己清楚地知道,是评委会主席的那一句话和我锲而不舍的努力才换来我如今成功的魔力。

草莓糖

自始至终我都很喜欢那一位学姐,在生活中,在工作里,她都算得上我的人生导师。

"我希望,在未来的某一天,当你回首往事的时候,你与山东大学学术部的回忆里更多的是你在其中学到了什么,它给你带来了什么,而不是碌碌终日,只有你打工的心酸日记!"

她总是想给我们带来点什么。

一次,我负责邀请比赛评委,恰逢当天下午我需要参加一门专业课考试。不知为何,评委的电话打了一上午都没有接通。面对这种情况,我心急如焚,忐忑地向学姐讲述我的处境。出乎意料的事情发生了,与责备我恰恰相反的是,她开始询问我的备考压力,并且安慰我说:"没事儿的,文秀,我们去年联系的时候也遇到过这种状况,评委可能刚好有点事情,咱们一定要沉住气不能慌,你先全心准备你的考试,评委这边,我们这么多人帮你扛着呢!"从那时起,我真真切切地感受到了团队的温暖,领悟到了协作的意义。

一次,我在生活中遇到了一些小问题,心情十分阴郁。那天晚上,我恰巧碰见了从外面赶回来的她,她看到我的状态,很是担心。顾不上手中沉重的资料包和工作电脑,便在楼道里开始安慰我。我慢慢讲述着,她静静听着,直到我抬头,已然发现她疲惫地倚墙而睡。后来,我从别人口中了解到,她那几天为了筹备比赛,连熬了三个通宵,却还是那么愿意倾听我的心事。这个学姐个子小小的,但是有大大的能量。她总是喜欢笑,也喜欢逗我们笑。我从她的身上,第一次真正见识到了什么是一位优秀的领导者。

我曾问过他们,是什么力量使他们变得如此温暖、和善与完美。他们的答案竟出奇地一致:"我曾经走过你走过的路,我们都是一样的孩子。我在我的成长之路上,也遇到过我的那一颗糖,我想把这一颗糖传递下去。"

现如今,我也成了别人的那一颗糖,我为学弟学妹们介绍学习经验,我倾听他们生活中遇到的烦心事,就像学长学姐们曾经对我那样。

我在山东大学的成长之路上,还有许许多多对我影响巨大的人和事,它们就像一颗颗糖果:苹果糖酸甜清爽,草莓糖温暖细腻,橙子糖清新香甜……我喜欢把他们用精美的糖果纸包装起来,放在我最喜欢、最精致的糖果盒子里,等到未来的某一天,把它分享给需要它的人,慢慢品尝,慢慢回忆。

(文/王文秀)

擘画奋斗的篇章

我很喜悦,也很自豪,能在那个不一样的夏天,收到山大的录取通知书,有幸成为一名山大学子。从打开录取通知书的那一刻起,我就开始构想我的大学生活。想象着如何徜徉在浩如烟海的图书馆,邂逅为我打开一扇窗的一本本书;想象着如何遇见一位曾经只能在教科书上见到的老教授,激情澎湃地为我授业解惑;想象着自己能够在大学四年的生活历练中有所升华,有所成就。

2021年是一个特殊的年份，是中国共产党成立100周年，是山东大学成立120周年，也是我开启大学征程的第一年。回首这波澜壮阔的百年，中国共产党带领中国人民、中华民族实现了从站起来、富起来到强起来的伟大飞跃，取得了开天辟地、惊天动地、翻天覆地的伟大成就。身处最好的时代，我们是幸运的，而更令我们骄傲的是，矢志“学无止境，气有浩然”的山东大学正是这段峥嵘岁月的亲历者、参与者和贡献者。山东大学在民族危亡中孕育、在百废待举中诞生、在图强复兴中求索，生在齐鲁大地，长在孔孟之乡。华岗校长翻译《共产党宣言》，成仿吾校长筚路蓝缕开创新山大；闻一多拍案而起怒斥无声的中国，老舍挥毫泼墨抒写锦绣华章，沈从文万古云霄文凤凰，梁实秋酒旗风暖名士狂；“八马同槽”闪耀了史学研究，蒋维崧书法字甲天下。一代代山大人抱定“崇实求新”之精神，秉节而成风骨，致远以利天下，始终秉承着“为天下储人才，为国家图富强”的办学宗旨，谱写了不负时代的奋斗华章，这就是巍巍百年学府为世人敬重的奥秘所在！

进入校园，我发现山东大学就如同济南这座文化底蕴深厚的城市，古朴而平和。它是摇篮，是孕育成长的襁褓；它也是徽章，是每位学子身上志向高远的烙印。我憧憬能够在这片欣欣向荣的土地上，以日复一日的磋磨为乐，以青春的活力意趣为辅音，提升个人，回报父母，回馈社会，报效国家。“三人行，必有我师”，我也会以身边每一位优秀的同学为榜样，不断奋发向上，做一个心中有梦、眼里有光的少年。

百年沧桑，弦歌不辍；振兴机械，强国梦想。在山东大学机械工程学院求学的两年间，我深深地感受到了机械学子身上“机械制造，强国有我”的社会责任感。在一代代山大机械人的汗水浇灌下，从第一台内燃发动机到航空发动机、歼-10、C919大飞机，从第一台汽车到“蛟龙”号、大洋科考船，中国机械工业实现了从无到有、从落后到赶超的跨越。内燃机专家丁履德、力学专家刘先志及卢秉恒院士、艾兴院士、谭建荣教授等一大批学界泰斗都曾在此执掌教鞭或蒙沐教泽。山大机械工程学院在朴素的坚守中成就了前辈们，前辈们也在奋发向上的坚守中成就了山大。曾经，奔向世界各地的前辈们在这里出发，如今，我们也将从这里出发，走向未来。

大江大河波涛汹涌，冲波逆折处更显壮阔澎湃。作为山大人，我们将继承前辈意志，时刻谨记“学无止境，气有浩然”的山大校训，深耕学术领域，根系山大,胸怀祖国,放眼世界,与家国同行,与梦想同行,坚定“无限风光在险峰”的信念,保持“为者常成,行者常至”的勇毅,激扬永远奋斗的精气神,努力成为勇担时代使命的山大人。

(文/王柯颖)

循梦而行,向阳而生

每个青年都是种子,怀揣着期望扎进大学的土壤,等待着雨露阳光。我很荣幸,能够进入山东大学泰山学堂的大家庭,以热爱为基础投身学习科研,以兴趣引领未来航向。泰山学堂为有志于从事基础学科研究、有志于成为世界一流科学家的学子提供了一片沃土。泰山学堂的学习与生活逐渐为我揭开了科研的神秘面纱。

樊丽明校长曾言:“从学生向研究者的转变,是把潜心学术作为一种生活方式,把学术卓越当成永恒追求。”科研是一个在“曲折中上升”的过程,确定研究方向只是第一步,而其后是漫长的前行。大学生创新实验是我们打开科研大门的钥匙,同学们在动手实践中进行科学研究的初体验。但初来乍到的我们面对浩瀚而又高深的科研,久久在门外徘徊。此时的我们正需要一阵阐幽显微的低语,抑或一场拨云见日的飓风给我们以启迪——这便是兴趣,一种潜藏于我们内心之中,只需稍稍点拨即可大放光彩的力量源泉。

以兴趣引领航向,方能在科研之路上行稳致远。我们应铭记,科学研究的出发点不应仅取决于选题的领域热度或就业广度,而应立足兴趣,以一颗虔诚的心探寻科学中沉默无歌的美。从事基础科学研究从不是一蹴而就即可取得成效的短期投资,科研是毕生的事业,科学家在洞微烛隐中获取智慧与思辨的享受。以兴趣引领航向,科研工作者才能在百折千回的探秘长途中葆有“筚路蓝缕,以启山林”的心志,擎起追本溯源、格物致知的火炬。回归当下，身为大学生的我们，要跟随心灵的指引，依托兴趣，在不同的课题组大胆尝试；通过查阅学术论文了解老师的科研动向，选择自己心仪的领域，进入实验室，叩响科研的大门。

实验室一般采取一对一帮扶制，在这里，我结识了经验丰富的学长以及携手共进的伙伴，在学习、热爱、积累、团结的拥簇中浇灌梦想之花。科研是以方法论为引领、理论与实践相结合的学习探索过程，对我们自身的要求很高。做学问须既学又问，学好似站在流水旁侧耳倾听自然的奥秘，使灵魂变得丰盈；问就是和别人一起讨论以求灵感迸发和问题的解决，从而获得进步和启发。对于化学这门学科而言，动手实验是重中之重，许多奇妙的发现都藏在不经意的尝试之中。与此同时，我们还应积极获取前沿知识，关心热点领域，站高望远，开阔视野。在汲取知识的同时，积极与老师、同学沟通交流，在不断地向他人学习和自我反思中激励自己前进。在长期的科研训练中，我们已有能力系统地总结研究过程，取得一定的科研成果，发文章正是证明能力的方式之一。但研究的乐趣往往漫溢于过程，而不仅仅聚焦于结果，探索过程中的种种新发现，才是科学家们倍感快乐的源泉。

立长志惜时励学，身为决心投身科研的大学生，应脚踏实地，对自己有较完善的认识与要求。在科研生活中适应自身角色的转变，应对科研论文的撰写，处理好时间分配问题；在认识到自身理论和技能还有很多不足时，通过持续地深度学习奋力赶上；以时间积累为基础，不断地实践与体会，对自己的兴趣建立起长足的认识。身处学科新时代的我们，勇敢地尝试不同方向甚至不同学科，对自己的科研能力进行评估从而发掘自己的特点，找到更适合自己的交汇点，将学科交叉引向有利于化学研究的领域，这是属于新时代的展望。

作为泰山学堂学子，我立志做一粒种子，发芽于学堂热土。在这一段激情燃烧的岁月中，我愿为了科学、为了理想，挥洒青春汗水，愿自己能继承求真务实、拼搏向上的科学精神，也愿科学的种子能在这片沃土中生根发芽。

（文/向仲博）

华灯永续

百年前,一艘小船踏浪而出,引领一个民族书写救亡图存、气壮山河的史诗。中国共产党自诞生以来,带领中华民族取得了开天辟地的成就。回顾巍巍百年党史,有这样一位伟大的共产主义战士,为中国革命做出了卓越贡献,他就是新中国成立以后山东大学第一任校长兼党委书记华岗同志。华岗校长高举华灯,让无数后辈汲取前行力量,坚定理想信念,矢志拼搏奋斗。又或许,华岗校长自己就是那盏华灯。

时空碰撞,灯火如炬

我开始了解华岗校长,是因为参演了百廿校庆话剧《华灯初上》。在剧中,我饰演华岗校长的挚友罗竹风,与他合力创办《文史哲》杂志。在话剧舞台上,我常有时空错位之感,仿佛华岗校长就站在我面前,目光坚毅。

华岗校长是一名不折不扣的"带有理想主义色彩的实践主义者"。

华岗校长有着崇高的共产主义信仰。华岗校长曾经翻译了《宣言》(即《共产党宣言》,初版时采用伪装本形式,书名删去"共产党"三字,只保留"宣言"二字,出版社署名为"上海中外社会科学研究社")。众所周知,陈望道先生翻译了第一本全译本《共产党宣言》,可很少有人知道,第一本由中国共产党党员翻译的译本正是华岗校长的《宣言》。也正是在这个译本中,华岗校长首次将结尾那句振聋发聩的话译为"全世界无产阶级联合起来!"也正是这句响彻云霄的口号,激励了无数共产党人为了心中崇高的共产主义理想前赴后继,永葆坚如磐石的品格,挺立起中华民族的脊梁。

华岗校长是一名坚定的马克思主义者。他先后担任《新华日报》总编辑和山东大学校长,以新闻舆论和教书育人的方式将革命理想付诸实践。20 世纪 50 年代,山东大学校长兼党委书记华岗亲自讲授政治大课。最初,他从《共同纲领》讲起，作了"怎样用理论与实践相结合的方法学习《共同纲领》"报告，之后他又系统讲授了社会发展史、实践论、辩证唯物论等。据相关档案记载，当时听课的人不光有本校师生，还有大批校外人员，由于人数过多，后来干脆在广场上授课，每次听众多达三四千人，可谓盛极一时。

此外，华岗校长还带头创办了《文史哲》杂志。《文史哲》是新中国第一家高校文科学报，被称为"文科学报之王"。它引领学术风潮、政治立场鲜明，在海内外人文学界卓有声望。正是在华岗校长的不懈努力下，《文史哲》一方面继承了传统学术精神，以求真为根本，以经世为宗旨，崇尚专精之学；另一方面引入了马克思主义方法论，在唯物论和辩证法的指引下，文史研究焕发出新的生机。

先人已逝，精神永存。华岗校长的精神，在时空碰撞中熠熠生辉。他激励我们将精神融入血脉，在传承中砥砺前行。

价值传递，风骨永续

我曾有幸采访过华岗校长的大女儿华丹坡教授，华奶奶年逾八十却依然精神矍铄。让我尤为惊讶的是，为了准备这次采访，华奶奶事先写好了数页的稿纸。当我抛出第一个问题时，华奶奶便滔滔不绝，动情地讲述着那段被历史尘封的记忆。作为一名普通的学生记者，华奶奶愿意接受我的采访本就令我喜出望外，她又如此精心准备，更是让我倍感荣幸。

"当时我父亲白天编写《列宁青年》、组织示威游行等活动，晚上点着煤油灯偷偷看陈望道的译本；还得换好多个地方，化妆伪装，把书藏身上。"华奶奶动情地讲述着华岗校长当年翻译《宣言》时的艰辛与不易。环境险恶、居无定所、废寝忘食、夜以继日、字斟句酌……这些都是华岗校长翻译《宣言》的真实写照。

华奶奶对华岗校长的一生有这样一个总结："可以说他一生就是编辑报刊，著书立说，学习研究马列，矢志不渝传播马列，他对共产主义事业有着无比坚定的信仰。"无论是在战争岁月还是在和平年代，无论是面对身体上还是面对精神上的折磨，华岗校长都始终不言放弃、笔耕不辍，书写了他跌宕起伏、颇具传奇色彩的一生。当提到华岗校长有一次独自去西康执行任务，吐血晕倒在路边时,华奶奶的眼里满是泪花。泪花里既有女儿对父亲深切的怀念,也有一位耄耋老人对伟大的共产主义战士的崇高敬意。

华奶奶至今仍在做着华岗校长资料的搜集、考证与整理工作。她说:“对华岗的思想、事业进行研究、梳理,将他的非凡勇气和高尚精神发扬光大,是对他最好的纪念!”

采访结束后,华奶奶赠送了我一本华岗夫人谈滨若女士编写的《历经沧桑情犹在》,我们一起吃了顿简餐,在华岗校长的雕像前合了影。“人生要坚持正确的方向,认真做好自己的工作,真心诚意对待身边的人,竭尽自己的力量爱护他们。”这是华奶奶对我和无数后辈学子的殷切期待。

我好像看见了那位身体瘦弱却精神无比强壮的共产主义伟大战士高举华灯,并将其递到了华奶奶手上,华奶奶接过华灯,又郑重地将其传递到我们“小青马”手上。世世代代,精神永续。

(文/徐荣先)

第六目　不忘来时路，共话家乡美

【编者按】 家乡，永远是一个令人魂牵梦萦的所在。对家乡的思念与眷恋，就是浓浓的乡愁。当背上行囊来到远方求学，我们总能听到故乡在深沉地低吟，一声一声，叩击着游子的心门。岁月不居，时节如流，国家的快速发展带动家乡日益变好，我们的家乡正在以肉眼可见的速度发生着巨大变化。我们应该更加珍惜这个时代，将绵绵乡愁化为前行的动力，以寸心寄华夏，将岁月赠山河。

第一话|发展绘新卷，故土竞生辉

平凡小路，复兴大道

“复兴”号沿着铁轨向前飞驰，窗外的景色急速变换着。我看着列车从满是高楼大厦的繁华都市驶入崇山峻岭，沿途青山绿水美不胜收。长江大桥像巨大的铁鸟张开翅膀，为归家的游子护航。本次旅程的终点站，是我的家乡湖北。高铁就这样一路修到了家门前，给这条平凡的归家小路“加点速”。

2022 年的寒假，当我满怀期待准备回家过年的时候，爷爷却不慎感染新冠病毒，身体不适住进了医院。

正是这一次的经历让我意识到，爷爷或许也有脆弱的一面。小时候，他在我心里就是个“超人”，不管我哪里不舒服，他都可以像变魔法似的为我驱走病痛。只要病人需要，就算是过年，就算是大半夜，他也会出诊。这样的“超级英雄”，如今鬓角也渐渐花白，也会因为一次感冒而久久无法康复。

1968 年，爷爷作为村里唯一的初中生，被推选去卫生学院学习，是新中国最早培养的一批基层医疗人才。经过半年的培训和八个月的实习，爷爷回到了村里的卫生室，成为一名乡村医生，当时还叫作赤脚医生。那个时候改革开放才刚刚开始，基层的医疗水平不发达。爷爷所在的卫生室条件特别差，是用泥和土砖建的，冬天风一刮，手指便冻得写不了字。因为基层人手不够，爷爷只身一人撑起了整个卫生室，凡事亲力亲为。当时来看病的都是附近的村民，一来二去，爷爷也和大家熟络了起来，和病人们结下了深厚的情谊。

据爸爸回忆，小时候的他还会陪着爷爷一起出诊。常常有人半夜找到家里，爸爸就打着手电筒，跟着爷爷出诊。那时山路崎岖难行，还有很多极窄的田间小路。小路甚至都没有一人肩宽，上面还铺着很多碎石和杂草。一到雨天或者雪天，泥水混着雨水铺在坑坑洼洼的路上，一不留神人就会滑到田埂下面。即便是这样，爷爷也总是想尽办法克服困难去出诊。有次遇见一位腿骨折的病人，爷爷跑了好远借来板车，推着他去城里看病，自己却被板车压着了；还有一次有人半夜来找爷爷看病，却在门口徘徊不好意思进来，爷爷听到门口的脚步声醒了，就主动出去询问……这样的小事对爷爷来说稀松平常，爸爸却记忆深刻，如数家珍。

卫生室门前这一条田间小路，弯弯曲曲向前延伸。这本是一条再普通不过的小路，但它的两端紧紧系着爷爷和病人们。它让村民们在家门口就能获得医疗帮助，它守护了村民们的健康，也见证了爷爷的爱岗敬业。因此，它对于爷爷、对于附近的村民来说，有着不平凡的意义。

后来，随着经济的发展，农村的医疗设施也逐步完善。这条田间小路，也扩建成了宽阔的大马路。爷爷不再和以前一样半农半医，而是成为一名全职的乡村医生。2000 年，爷爷从乡下调到镇上的卫生院工作，我们一家也从山里搬了出来，住进了新家。农村的变化日新月异，村民生活越来越好，家家户户都有了摩托车、小汽车，出门看病更加方便。基层医疗系统也更加完善，卫生院盖起了小瓦房，也有专门的护士和药剂师协同爷爷工作，可以更好地为病人诊治。

2010 年，爷爷正式退休。但他没有选择去享受退休生活，而是继续奋斗在自己的岗位上。2022 年年末，新冠病毒感染人数激增。爷爷作为乡村医生，是坚守在基层医疗第一线的战士。虽然大多数人都是轻症感染，但爷爷还是坚持守好他这一班岗，争取在家门前就能为大家解决困难。与 2019 年相比，如今国家的防疫政策更加完善和全面，也更加注重发挥基层医疗单位的作用，积极保障诊所的物资供应。爷爷常说，他只是一个普普通通的乡村医生，在最基层的岗位上做着普普通通的工作。但我从不认为爷爷是个普通的人，他有着善良而坚韧的心灵，是村民心中的好医生，是平凡里开出的英雄花。

我问过爷爷，他这一生最骄傲的事情是什么。他没有提两次被评为中国最美乡村医生的经历,而是给我讲了那些他救治过的病人们。我想,正是因为爷爷的心里装着病人,他的心灵才会如此美丽。

爷爷的一生,走了无数次出诊的路。从泥泞的山路到宽广的马路,热爱工作的初心始终如一。爷爷的出诊路,走出了他的爱岗敬业,也走出了国家的繁荣富强。平凡的小路背后,是国家的复兴大道。经济的发展、科技的进步,让农村越发美丽,村民在家门口就可以享受到优质的医疗资源。爷爷和那些为祖国建设而默默付出的人们一样,都是自己岗位上一颗闪亮的星星,他们平凡却不普通。正是这万千星光,才汇聚成璀璨的星河。在星河流淌之处,华夏儿女书写着复兴的宏伟蓝图。

“复兴”号沿着铁轨向前飞驰,我跟爷爷告别,踏上了求学的旅途。这一条平凡的归乡小路,也会因承载着我们万千青年的梦想和远方而有着非同寻常的意义。纵使相隔千里,爷爷的故事也激励着我刻苦学习、奋发图强。路越走越宽,未来越走越光明。我坚信,我们每个人在自己人生的“平凡小路”上走出精彩,就是推动祖国在复兴大道上更进一步!

(文/程佩璇)

乡思忆往昔,旧园展新颜

阳春三月,大片大片雪白的苹果花儿绽放在翠绿色的山腰上,好似从九天飘落的云朵般惹人怜爱。走近了看,洁白香软的花儿三五朵簇成一团,花瓣上的细细纹路泛着淡淡的粉,在春日和煦的微风中轻颤着,细枝嫩叶掩映间,溢出阵阵幽香……

金秋十月,热情但不炽烈的阳光温柔地抚过大地的每一个角落,留下温度,也给深绿色的苹果叶儿染上了一层金子般的色彩。叶子间,枝头上,红彤彤粉扑扑的苹果像一个个可爱的小娃娃,咧着嘴冲路人笑,勾起人无尽的遐想……

这里，就是我童年的乐园——外婆家的苹果园。

撷柰花·蜂飞

小时候的我最爱看的就是外婆家的苹果花，纤弱洁净的花儿总能勾勒出我内心深处的梦幻绮丽。每当花开时节，外婆总爱摘两朵花儿别在我的小辫上，摸摸我的头，就和外公忙活去了。我蹦蹦跳跳地追着那些花丛间来回飞舞着给花朵授粉的金黄色的小蜜蜂向果园深处跑去，自己玩得不亦乐乎。春天踩过潮湿松软的田垄，闻过鲜嫩的荠菜的芳香，见过带着露珠盛开的蒲公英，梦想过自己变成一只轻盈的花间精灵，像小蜜蜂一样飞来飞去……外婆家的果园，是大自然给我上的第一堂启蒙课。

在上学以前，我的春天都是在满园飘香、群蜂飞舞的苹果园里度过的。

初见青·照拂

我慢慢长大了，上了小学、初中，妈妈会时不时地带我回家，看望外婆外公和那片熟悉的苹果园。花谢之后，变成青青的指尖大的毛茸茸的小苹果，藏在新发的叶子之间，外婆外公繁忙的劳作也开始了：疏果、喷药、施肥、套袋……每一步都不辞劳苦精心侍弄。最辛苦的是套袋，把果袋一只只打开，像给婴儿穿上衣服那样小心翼翼地套在小苹果上，再轻轻把开口拧紧。看着简单，可是我连着套了几个手指就生疼。最难挨的是炎炎夏日里给果树喷药，在近 30 ℃的高温里，外公戴上口罩，套上厚厚的外套，挥动着高压喷头穿行在密不透风的果园里。每次喷完药，连累带热人都要虚脱了一样，但是他们从来没有喊过一声累。

外婆告诉我，要想让苹果长得更好，就必须在幼果时舍得下力气用心照拂，这样它长大后才能带给我们香甜的味道。那时的我总觉得这些活太累太无趣，一会儿就不耐烦地跑到一边去采野花了。

记忆中，晴朗的天空、青青的苹果、外婆外公忙碌的身影和满脸的汗水组成了我脑海中最清晰的画面。

品红果·收获

随着年岁的增长,我升入了高中,后来又上了大学,回外婆家的次数越来越少,外婆家的苹果园也渐渐地化为心中的一抹剪影。但每年秋季收获苹果的时候,我总能收到一箱来自外公外婆的礼物:红红的富士、金黄的维纳斯、翠绿的王林……小小的宿舍里飘荡着香甜芬芳的味道,深深吸一口都令人陶醉。我拿起一个又大又红的苹果咬一口,酸酸甜甜的汁水盈满口腔,白皙香脆的果肉在齿间炸裂,分明是在品尝秋天的甘美。

苹果丰收的年景,外婆外公很开心,从早笑到晚,满脸的皱纹都漾开了。间或由于天气等原因苹果减产歉收了,他们也不沮丧,照样乐呵呵的。外婆说,总还有明年的好盼头呢。

来年盼·新颜

纯白,青绿,深红……时光踮起脚尖悄然路过,外婆家的果园色彩流转,一如从前。一年又一年,不变的是迎朝伴霞的劳作,是老两口视果如子的深情,是他们对那片土地难以割舍的爱。现在外婆外公年纪大了,体力也越来越差,爸妈总劝他们弃了果园,享几年清福,但他们一直舍不得。外婆总说,现在是个好时代,干得动就要好好劳动。

镇上成立了农民专业合作社,外公时不时就去学习种植新技术,了解苹果新品种,和城里来的专家交流种植经验。他们在果园里用上了新学的技术,种上了新品种,连年的增产增收也让外婆外公笑开了花。

村里的道路和屋子都翻了新,修了民宿,建了漂亮的观景台和长廊。在南子城村"陌上乡居·乡村振兴"的布景图里,水库、蓝天和苹果园共同激发出民宿经济的新活力,"沉睡"的闲置民房变成了群众致富增收的"黄金屋",安静的小村落也被赋予了"近郊慢生活"的财富密码。

农闲的时候,外婆外公最喜欢挑一个晴天,和三五老友坐在村里新修的观景长廊上,谈村子里的新鲜事,谈果园今年的收成,谈岁数大了的感慨和无奈,谈自家的两个女儿。他们望着眼前波光粼粼的水库,在心里默默酿着对我和表妹的想念，想着下次一家人团聚要做什么菜，盼着下一次遥遥无期的团圆。

在乡村发展的新变化里，外婆外公垂垂老矣，但他们在苹果园里倾注半生的汗水与心血，对我无尽的关怀和爱护，都将在我的心中沉淀成浓浓的爱和绵绵的乡思，对外婆外公，对苹果园，对家乡这片美丽的土地。

（文/刘一玮）

转型发展谱新篇，美丽故乡换新颜

我的家乡桓台县位于鲁中山区和鲁北平原的结合地带，在淄博市的北部。现有常住人口 51.54 万人，下辖 2 个街道、7 个镇，矿产资源、生物资源、水资源蕴藏量较为丰富，2021 年 GDP 达 674 亿元，曾入围全国百强县。

自改革开放以来，桓台县的下辖村镇发生了巨大变化，从泥泞土路到干净明亮的村村通公路，从烧煤烧柴到户户使用天然气；从面朝黄土背朝天到如今农牧渔旅全面开花，马踏湖湿地公园被央视《新闻联播》报道。基础教育也有很大改观，父亲上学时，只能步行上学，每天往返三趟近十公里，现在村镇小学数量增多，设施优化，每个学校都配有校车。家乡城区变化同样喜人：从一排排的低矮平房到如今高楼林立、商圈交错，从教育资源紧缺单一到如今城区东西南北均有幼至高一体化教育衔接，素质教育、兴趣拓展、双语教学更是层出不穷；暑假回家，晚上人群熙熙攘攘，少海公园、文体中心等满是锻炼身体的居民；街巷里灯火通明，"地摊经济"十分红火。

家乡的变化，体现在各个方面，我们都是家乡变化的体验者、受益者。父辈一代，是家乡变化的亲历者，他们作为改革开放前后出生的一代人，目睹了时代的巨变。

我的父亲出生于 1971 年，他曾多次回忆起那个贫瘠的年代：村里只有一条泥泞的土路，雨天一身泥，晴天一身土，坑坑洼洼。想喝水，只能从水井里面打水,全村人就指望这一口井喝水。那时的大家,思想觉悟普遍都不高,农闲时间就聚在一块打牌,想不出好的路子去赚钱,被教育水平限制,变得越来越穷。所有的东西都是集体所有,而在集体所有制的条件下,有很多不好的情况,比如很多人出工不出力,日出而作日落而息,忙忙碌碌一年,实际上挣不了多少钱。村里最"现代化"的工具,是生产队的牛。

乘改革开放的春风,家乡的日子一天比一天好了起来。父亲在十几岁时应征入伍,离开了家乡。他曾动情地描述在休假时回家看到的家乡的变化:农民的收入提高了,生活水平也提高了。原来家里住的是土坯房,现在村里家家都是楼房。国家在农村搞技术培训,农民能从土地里学到技术,学到知识,有了用知识改变命运的机会。现在家家户户都买了小汽车,跑运输,干物流,日子一天比一天红火。

20世纪80年代初,有句很时髦的话,"改革开放的春风吹满了神州大地",父亲一直记到现在。父亲说,人们在徘徊、迷茫的时候,开始了改革。在当时有点"活泛"头脑的人开始买货车、跑运输,运砖头、运沙石,没过几年,最先跑运输的人就富起来了。父亲说,桓台县是建筑之乡,有句话是"一把瓦刀闯天下"。当时各个村成立了建筑队,有经商头脑的当上了包工头,各个县都开上了建筑公司,建筑工人就是20世纪80年代的生力军。勤劳才能致富,用勤劳的双手才能创造美好的明天,村里打了多年光棍的也都成家了。在父亲的记忆里,壮工工资一天5块钱,熟练以后一天10块钱,技工一天能到15块钱。

在党的领导下,精神文明建设也有了很大提升。打骂孩子等情况几乎不再出现了;大学生毕业归来,建设家乡,带头致富。花卉公司、蔬菜基地等如雨后春笋般建立起来,自己致富,带动群众一起致富。

物质文化上,20世纪80年代流行大喇叭裤、爆炸头、双卡录音机,男的女的都喜欢烫发,这几乎是20世纪80年代的标志。

温饱问题解决以后,人们不只满足于吃饱吃好,而是追求更高的生活水平。从广播、电视里学习,慢慢地向城市靠拢。比如,以前农民有的随地吐痰、大小便,随着物质生活水平提高,这些现象慢慢消失。以前偷盗、打架、骂街也很频繁,现在也几乎看不到了,遇到问题基本能心平气和地解决。生活水平提高了,"知识无用论"慢慢淡化了,都想让孩子多读书,受到更好的教育,教育方式也逐渐从棍棒教育开始转变。这些转变都说明,人们的思想水平提高了,文化的提高会让人们思考更多方面的事情。以前的人们会有封建迷信思想作怪,遇事想不明白、参不透,只有不断积累知识,才能扩大人们的视野,才能让人们脱离小农意识。但是也有的人盲目崇拜,出现了一些不良现象,比如邪教一类。大部分人在受到良好教育时,其思想境界也在不断提高,邻里之间、朋友之间吵架少了,从见面语的转变上也能看出来,以前见面说"吃了吗",20世纪八九十年代的时候说"在哪发财呢"。所以说,物质生活的提高也有利于弱化人际矛盾。

父亲说,在他们那个年代,邓小平同志有句名言:"不管黑猫白猫,抓到老鼠就是好猫。"在父亲那时的作文里,经常会写道:咱们在打开国门的时候,国外的苍蝇蚊子也会跟着飞进来,我们要取其精华,弃之糟粕,要洋为中用。父亲说,还是党的政策好,只有在党的领导之下,咱们的生活才会越来越好。

我的父亲出生于20世纪70年代初的桓台农村,可以算是改革开放的全时期经历者。青年时期通过大队推荐应征入伍,在军队通过考试,进入安徽蚌埠士官学校学习,后转业留在县城,成家立业。

如今家乡还在不断地建设之中,每次放假回家,我都会惊喜地发现家乡有新变化。余光中说,乡愁是一枚小小的邮票,是一湾浅浅的海峡;三毛说,乡愁是梦中的橄榄树。乡愁于我,是那声熟稔到骨子里的乡音,是我童年时反复跑过的街巷小道。我作为山东大学PPE(政治、经济、哲学)专业和成仿吾英才班的学生,同时作为一名积极向党组织靠拢的发展对象,在如今"施展才干的舞台无比广阔,实现梦想的前景无比光明"的良好环境下,不应说大话空话,要脚踏实地,稳扎稳打,汲取各种知识,躬耕实践,始终不忘为党和国家奋斗终生的初心,用行动表达青年人拼搏奋斗的应有之义,回馈家乡,回馈国家。

(文/朱肖宇)

碧水蓝天满城绿，诗意栖居幸福园

我的家乡——河北省衡水市，素有“美丽湖城”之称，独特的水文化赋予了这座小城特别的精气神。

如今，一幅天蓝地绿水秀的美丽画卷，正在湖城大地徐徐展开……

都说中国人对于家乡有着天然的亲切感，然而，对于幼时的我而言，有关那个小小村庄的回忆却并不美妙。小时候，每次爸爸妈妈带我回老家拜年，只要车开到村口，我就不由得胆战心惊。原因无他，只因村口常年“盘踞”着一口足有半个足球场大小的水坑，想要进村，只能绕着坑边走，狭窄的小路坑坑洼洼，坐在后座的我总害怕自己会掉下去。这还不是最糟糕的，如果赶在夏天回去，坑里还会多出许多垃圾，红红绿绿的垃圾袋浅浅地浮在表面，刺鼻的臭味几乎弥漫在整个村庄上空。

后来，随着年龄的增长，课业压力也随之加重，回老家的机会渐渐变少。我本以为可以就此在城市里尽情奔跑，没想到，真正的“黑暗时光”才刚刚到来。

那时，我正上初中。每天清晨，我都会顶着浓重的雾霾，穿过混乱的车流走向学校。那时的我，时不时抬头望向天边，看见的只有一排排冒着黑烟的高大烟囱。多么怀念从前的时光，那时，我可以在周末和煦的微风里放风筝，可以在满眼绿色的湖边惬意行走，可以趴在午后的课桌上晒晒太阳……如今的我却只能窝在教室，不断用美好的回忆与想象去抚慰自己那寂寥的灵魂。

好在，一切都在变好，也一定会变好。记不清从何时起，我的家乡开始摘掉“黑帽子”，披上“绿新装”。村口的大坑被不断填埋，清澈的水渠绕村而过，青砖白瓦、文化广场，古城的底蕴于无声中显现；精准防治、铁腕出击，科学治污，只为守护最美蓝天底色；兴水蓄水、节水治水，在“活水”上做文章，在“护绿”上下功夫，一项项措施正在扎实推进，一条条制度正在有序完善。

如今的湖城，推开窗户就能看到大树，出门不远就有公园，河湖互通，城乡一体，偶有白鹭掠水而过，惊起湖水涟漪如诗。天越来越蓝，空气也越来越新鲜，日益增长的城市"颜值"不仅提高了市民的幸福感，也带动了家乡旅游产业的发展，不少游客纷纷慕名前来打卡。"人鸟和谐"的画面温馨动人。

千百年来，家与家乡一直是文学创作的重要主题。人们总是把家乡形容成温暖的港湾，仿佛无论我们漂泊多远、奔波多久，只要家乡在，我们就能找到最初的那份美好。但对家乡的热爱，绝不应该只是停留于口头上的怀念抑或记忆中的乡愁，也不应该是站在制高点上哀其不幸、怒其不兴，而应体现在对家乡建设的参与和对家乡环境的保护上。

像保护眼睛一样保护生态环境，像保护心脏一样保护家乡。新时代，新征程，无数青年返乡回乡、创新创业，带领乡亲们坚定不移地走生产发展、生活富裕、生态良好的绿色发展道路，带领乡亲们一起脱贫致富奔小康。作为社会发展和国家进步的主力军，我们青年肩负着社会的希望，更要努力扎根基层，在实践中坚定信心，在奋斗中践行使命，磨炼意志、淬炼本领，以家为家，以乡为乡，汇聚青年之力托举家乡希望，用奋斗精神筑梦美好明天！

（文/刘议莲）

第二话|桃李醉春风，天涯照明月

记得住乡愁

我总听到许多人问我，你的家乡究竟是什么样子？在征文、演讲、绘画各式各样的比赛里，在小学、中学、大学五花八门的作文里，在中考、高考、期末考复杂多样的试题里……在这些地方，它叫“莒县”，是我成长的地方。

那个小小的莒城，古韵悠悠、人间烟火，平凡的人过着平常而不平凡的生活。

说起它来，很多人都不甚熟悉，不知道在山东的哪个地方，甚至不知道“莒”字怎么读。它就那样安坐于山东东南一隅，从新石器时期到现在，历风霜而不灭。许多年前，它曾叫“莒国”。莒，商代为莒方国，春秋时为莒国，汉代为城阳国，莒故城为莒地历代政治、经济、文化中心，是山东省重点文物保护单位和历史文化名城。从“四古一书”到“毋忘在莒”，在 4000 年树龄的“天下银杏第一树”飞舞的金黄里，它古朴、沉静，却又悄然发生着改变。待我回头望时，已是换了新颜。

在我离家身在异乡时，我总是想着那棵银杏，那座古城，那份“乡愁”绵绵不尽。

还记得新年里，为了拍摄寒假作业，我与家人一同去了莒国古城，一家人手牵着手，漫步在大街小巷。1 月里的天气已有了些春意，风传花信，雨濯轻尘。往近些走走，松枝点缀了些红，红符寄心愿，盼来年万事胜意。移步换景，前有魁星，后有文昌，飞檐翘角，熠熠生辉。戏台子早已高高搭起，流光百转，恍然千年。拱桥上人群熙攘，摩肩接踵，鼓声、鸟声、琴声交织，为新年献上最美好的祈愿。墙角下、小巷里,有拍照的游人,还有高高挂起的写着莒地方言的花灯,还有那不可错过的美食街……想了解莒国宫廷文化,便去那莒王宫走走;想感受古时战火硝烟气,便去那古城墙上望望;耳畔乐声响起,是传承于莒地的周姑戏,戏里戏外,皆是古韵。

夜幕降临,灯一盏盏亮起,月色下的古城和白日里截然不同,那更是一份别样的美。仿佛置身于几千年前,"缛彩遥分地,繁光远缀天"。

"年集"是最能感受烟火气的地方。家乡依旧保持着"赶年集"的风俗,那一句句吆喝声,是熟悉的莒地方言,是熟悉的家乡味道。新年来临之际,农村的人们常常会在年集上购买年货,为新年做好准备。脚步走走停停,慢慢看过去,糖葫芦、烤冷面、炸串……雾气升腾里,承载着对生活的美好期待;猪头肉、腊肠、卤味……年夜饭上,总要来点"它们"才算够味;水果、花生、瓜子……除夕夜里,边看春晚边嗑瓜子,家人围坐嬉笑欢闹;再看看那热闹处,各色糖果点心摊前,总是围满了小孩子,你一嘴我一嘴,争吵着哪样的最好吃。吵吵嚷嚷,嬉笑打闹里,是乡音。近年来,年集也得到了更规范的建设,不少地方的年集甚至被打造成品牌,吸引着全国各地的人前来淘宝游玩。

"乡音,在这一片乡土的烟火红尘中,在我们街头巷尾的熙攘里。"

这种城市规划和建设的"微改造"就发生在我的眼前。从路路皆通到高楼蜂起,城市化快速推进的同时无忘"乡音",不忘"乡愁"。这种文明和文化的传承延续,让城市留下了记忆,让人们记得住"乡愁"。"家乡"不仅是一个孤立的名词,在"乡愁"里,它更加具象化、立体化。

记得住乡愁,记得住家乡,记得住城市。我期待着,也希望自己有一天能够以梦为墨,执笔绘家乡发展新画卷。

(文/唐艺航)

老城的新故事

抬头看看,这一方静逸生活的老城,令人深爱的济南。

这是我在济南生活的第20个年头了,全部的记忆都属于这里。我时常会在休息日走走济南的大街小巷,总喜欢在旧的城市里寻找新事物,宽厚里灰瓦青砖上洒落的正午阳光,游客欢笑、商贩叫卖、烤架上吱吱冒油的肉串……古代闹市的繁华,也不过如此吧。百花洲的小桥流水、青石板路、临街人家淘米洗衣……隐于繁市拐角的市井人家,每每走过,好像有着儿时老家的味道。

在这些厚重的年轮后面,济南也在时刻追着时代向前。焕然一新的济南商业业态颇有一些"网红气质",从经十路的郁金香到经三纬三的爱心路口再到老商埠的草莓熊,无一不在向世界展现这座古城的浪漫与包容。站在济南中心城区,举目远眺,环顾四周,这座城市的每一个方向,都升腾着长高变大的热浪,涌动着新时代的活力。

向东,创新创业的活力日益迸发;向西,医学高地正在加速崛起;向南,"诗画南山"的魅力逐渐彰显;向北,新旧动能转换的步伐铿锵有力;中心城区,向着"宜居、宜业、宜行、宜乐、宜游"的蓝图有机更新。

中心城区,承载着济南人的美好记忆。进入新时代,济南明确了"中优"目标——优化中心城区城市布局,提升综合承载能力,加快产业迭代升级,进一步凸显泉城特色,再现"家家泉水,户户垂杨"的独特魅力。

围绕加快疏解老城区非核心功能,济南实施城市微改造,推动城市有机更新,开展拆违拆临、杆线入地、户外广告等专项整治,连续打响雪野湖、佛慧山、千佛山、大明湖周边违建整治"四场战役",推窗见绿、出门入园成为市民生活新常态。治山治水治霾成效显著,市容市貌焕然一新。

建设好泉城文化特色风貌区,是"中优"战略的题中应有之义。济南加快推进明府城片区提升,留住"老济南"时光。

随着"中优"的推进,洪楼片区、小清河两岸、二环南科创带等其他重点片区也将隆起新的高端产业、集聚新的高端要素，逐渐实现推动城市品质化、功能现代化、业态高端化。

南部山区承担着净化济南的"绿肺"功能，被称为省会"后花园""活水源"。优美的生态环境，让这片沃土成为济南的生态名片。实施15处名泉景观提升工程，泉水标识、泉池周边环境得到完善，积极推进污水治理……南部山区致力打造济南生态高地。在加强水系治理的同时，南部山区着力做好绿的文章，加快荒坡造林绿化，森林覆盖率保持在67%以上，有效实现了区域生态良性循环。在绿化过程中，南部山区采用多树种绿化，形成乔、灌、花、草错落有致的混交结构，达到"四季有景、全年常绿"的景观效果，"南美"画卷正加快绘制。

大河奔流，大城崛起。"新十字方针"，是济南城市发展由空间拓展向高质量发展转型、推进全域统筹协调发展的内在需求，也是担当国家使命的必然要求。随着城市发展新格局的加速构建，济南这座千年古城乘着新时代的浩荡东风强筋健骨、发展壮大。"大城"在新时代的蓝图更新中豁然开朗，勾勒出令人充满期待的壮美轮廓，强力支撑新时代中国特色社会主义现代化强省会的加快崛起。

这座城市用如椽巨笔勾绘城市蓝图，加速构建城市发展新格局——明府城、老商埠、上新街、泉道畅通等重点项目加快建设，中央商务区"山泉湖河城"五座超高层建筑拔地而起，引进各类高端企业500余家、世界500强企业17家；国际医学科学中心蓬勃发展，质子临床中心、精准医学产业园、太平洋眼视光学院等启用运营，中国科学院微生物研究所、树兰（济南）国际医院等项目加快推进；南部山体绿化造林完成7.1万亩。济南，正成为高质量发展的一方热土。

这样一座城，耐人寻味。她既有北方的粗犷厚重，又有江南水乡的婉约浪漫；既有文化古城的历史韵味，又有现代都市的潮流时尚。行走其间，既可以感受李清照"误入藕花深处"的自然景观，又可以看到"最抚凡人心"的城市烟火。生机勃勃的泉城大地，强省会崛起的答卷声铿锵有力，"东强、西兴、南美、北起、中优"的城市蓝图徐徐展开，助推新济南振翅翱翔！

（文/付晓宇）

开往时代的列车

“准备上车啦，再检查检查行李，别落下啥东西！手机先放到贴身的口袋里，身份证要格外注意……”

“知道啦知道啦，你都强调一百遍了，都什么年代了，哪还有人偷东西啊。”

“这不是太久没坐绿皮车了，紧张嘛……”

上个周末，我和同学一起从济南坐火车去泰安爬山。从刚到火车站开始，我就一直念叨着“注意安全”。短短一个小时的车程，我不知道打开了多少次书包，一遍遍清点着随身用品，生怕丢了些什么。这样的举动在现在看来可能有些难以理解，但在我的观念里，“火车站不安全”“坐绿皮车容易丢东西”早已深深刻在骨子里。

我来自陕西西安，据老一辈人说，早年间西安的治安似乎并不是很理想。虽然从我记事起，西安已然是一座文明新城，我自己也没有丢过什么重要的东西，但从小父母的教诲，还是让我对小偷这一神秘的群体充满恐惧。

我的母亲告诉我，火车站是与扒手交锋的前线。虽然她在火车站也没有丢过东西，但她把这些都归功于我姥姥教导她的严防死守。每次外出旅行，爸爸妈妈总是提前把现金分开放在不同地方——行李箱里放几张，钱包里放几张，再给我贴身的小包里放几张，生怕被小偷“一锅端”。穿行在火车站的人群中，父母总会叮嘱我，让我把包背在身前，用手捂住背包拉链。随即，我们便要用力挤进杂乱的人流，在尘土和汗臭间穿梭，拨开出站交汇的人群，时而驻足眺望寻找方向，然后继续向检票口挤去……就这样，我们一家在与火车站的战斗中未尝败绩，财物靠着母亲从姥姥那里学来的防盗技巧得以保全。

可我在火车站奋战并没有持续几年。西安高铁站的建成，让火车站的混乱成了历史。2011 年，西安北站建成，宽敞的站前广场、崭新的候车大厅、井然有序的检票站给了我前所未有的乘车体验。身处宽敞整洁的环境，不再有混乱拥挤的摩肩接踵，使人打心底感到安心。有序、严格的安检让人们不再担心在混乱中丢失财物。脏、乱、差都已经成为过去。

高铁站的站前广场有着我最喜欢的一片风景。从高铁站出站，需要经过一段长长的电梯。随着电梯上行，迎面而来的是微风与斜阳。在清新空气的裹挟下，西安的新城映入眼帘。站在整洁开阔的站前平台上望去，四野辽阔，毫无老城区的拥挤之感；稍远处林立的高楼，又在无声昭示着身处大都市的事实。每每发现高楼间又"添了新丁"，望着脚手架间在建的楼宇，我总会热泪盈眶——我为家乡蓬勃发展的生机欣喜，为亲眼见证家乡十年发展的巨变而感动。

今年暑假，我又去老火车站坐了一次火车。令我诧异的是，我并没有碰到印象中的人潮汹涌与尘土飞扬，取而代之的是宽敞的马路与新修的站台。地铁直达、站内换乘更让我有些受宠若惊。坐在火车上，车厢内也不像当年那样嘈杂喧嚷，乘客们或低声细语，或安稳入眠，更显一片文明祥和。我思忖着，火车站真的会有小偷吗？毕竟我没见过，父母也没见过……或许曾经有过吧，但我确信，那个治安不好的时代，一定不是现在。

不管是哪里的火车站，绿皮车越来越少，取而代之的高铁、动车在不知不觉间让生活变得越发高速、有序。或许在将来的某一天，绿皮车也会成为只存在于博物馆中的历史。高铁、动车不断提速，把人们送得越来越远，将来的孩子可能会认为明亮宽敞的车站、一人一座的火车是司空见惯。那时我便想对他讲讲西安火车站的故事，讲讲那段我亲眼所见的改天换地的故事。

我的故乡——西安，正像不断提速的列车那般，开向更远处，开向更光明的未来！

（文/李梓杰）

红星照耀下的绿水与青山

我的家乡,是红星照耀下的绿水与青山。

我生长于江西省南昌市湾里区,一座坐落在山脚下的小城。它本在群山间,黄沙满地又落后萧条。而今,它在明亮地奔跑,头顶一方天空,跑到了朝阳下。

“红日初升展新颜,大美乡村道大光”

它在明亮地奔跑,衣襟猎猎生风,贫瘠的乡村叙事在红星照耀下开启了新篇章。曾经的湾里流传着这么一句俗语“一年只有半年粮,有女不嫁湾里郎”,而如今的它却华丽变身为“绿富美”——绿树多、村庄美、村民富、乡风好。以前的农村土坯房被尽数翻新,橙白相间的城镇小区和黑瓦白墙的农村用房排排罗列、鳞次栉比;泥泞的小窄道也不见了踪迹,六米宽的柏油马路层层横躺在山峦;以前卫生问题堪忧的农贸市场,如今也都更换成了装潢精美的超市。群山耸翠、秀水环绕、大美乡村是它现在的面貌。

这幅名为乡村振兴的恢宏蓝图,这幅看得见山、望得见水、记得住乡愁的美丽画卷,这个生态宜居、乡风文明、治理有效、生活富裕的中国新乡村,正尽情铺展在希望的田野上。我的家乡啊,它在明亮地奔跑。

“千帆竞发奋楫进,旅游产业力争先”

它在明亮地奔跑,双腿擦动生成火焰,贫瘠的产业叙事在红星照耀下开启了新篇章。“产业兴百业兴”,湾里已实现了大排量制造业向青山绿水旅游业的完美转型。梅岭生态公园、洪崖丹井、皇姑墓、洗药湖、林彪别墅、翠岩寺、狮子峰、珠海明珠……全境森林覆盖率高达73.27%,大气中每立方厘米负氧离子平均含量超 2 万个。近年来,湾里也精心培育了一批新兴文旅业态,推动以旅游业为核心的产业提速升级。积极引进新型商贸项目,先后建设了漫和城、爱琴海购物公园等商业综合体项目;同时,抓好招商引资,进一步优化营商环境,为企业提供全方位、全流程的服务和支撑,为打造山城融合、都市生态旅游区奠定坚实基础。深植"吃、住、行、游、购、娱"六大旅游要素,湾里旅游业正在不断地做加法。

作为南昌市的后花园,我的家乡,已从落后贫穷的小山镇发展成了如诗如画的旅游胜地。湾里的乡村振兴、旅游发展,奏响了"质量兴农、绿色兴农、品牌兴农"的新乐章。

"悠悠文墨贯古今,群英荟萃时不息"

它在明亮地奔跑,前进的步伐铿锵,贫瘠的思想在红星照耀下开启了新篇章。那些中学辍学外出打工、留守儿童现象普遍的日子一去不复返。随着社会的发展和进步,湾里对教育的重视程度也被提升到了一个新的高度。湾里积极探索"启梦"计划,通过"2＋9＋N"赛道(即阅读和劳动实践教育 2 个基础赛道,"三大球"、射击、书画等 9 个主攻赛道以及各学校、幼儿园根据自身实际选定的若干个特色赛道)助力学子圆梦;湾里亦积极寻求多方合作,与南昌二中心远教育集团签署了合作办学协议,旨在持续引进优秀教育资源,促进湾里教育办学品质不断提升。而且近年来湾里的师资力量也在步步提升,涌现出了一大批优秀的骨干教师、学科带头人。

"同心同德攻难关,凝心聚力闯新路,铁心硬手抓质量,全心全意优服务。"改革的春风带来了开放、发展、更浓烈丰富的色彩与更自由奔放的思想,激励着一代代湾里人走出群山,走向明亮的远方。

我爱故乡的草木山川,亦爱那万里之外的飞湍险滩,爱那故乡无以给予的沧海竞渡、万舸争流。我用那双黑色的沸腾的眼睛看见了被洗亮的家乡,亦看见那巨龙腾飞在东方。

(文/邓子铭)